PAGES D'HISTOIRE

La France.—Mademoiselle de Montpensier fait tirer le canon.

PAGES D'HISTOIRE

CHRONIQUES DES GRANDS SIÈCLES DE LA FRANCE

PAR

GUILLAUME APOLLINAIRE

D'APRÈS DES MÉMOIRES INÉDITS ET LES DOCUMENTS ORIGINAUX
DE CELLINI, CLAUDE DE L'ÉTOILE, FÉNELON, MME DE
SÉVIGNÉ, FLÉCHIER, JEAN MARTEILHE,
SAINT-SIMON, ETC.

LES ARTS GRAPHIQUES
RUE DIDEROT
VINCENNES
1912

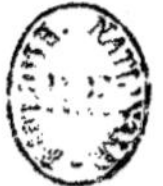

LA FRANCE SOUS NAPOLÉON

PAGES D'HISTOIRE

CHRONIQUES DES GRANDS SIÈCLES
DE LA FRANCE

BAYARD ARME CHEVALIER LE ROI DE FRANCE, FRANÇOIS IER, APRÈS LA BATAILLE DE MARIGNAN (1515)

A LA fin du XVe siècle, de grands changements s'étaient accomplis dans le monde. L'imprimerie avait été découverte ; les Grecs chassés de Constantinople par les Turcs, avaient apporté les manuscrits antiques en Occident et réveillé le goût pour l'étude. En 1492, Christophe Colomb agrandit la terre en découvrant l'Amérique. Les temps modernes commencent.

Le roi de France, Louis XII, avait entraîné son peuple à faire la guerre en Italie. Beaucoup de victoires avaient été rendues inutiles par beaucoup de défaites. Sans ces guerres, le règne de Louis XII eût été bien plus heureux. Cependant, la sagesse, la justice de son administration accrurent la prospérité du pays.

Son successeur, François Ier, qui était son cousin, voulut tout de suite réparer les malheurs qui avaient attristé les dernières années du règne. Il franchit hardiment les Alpes, força les Suisses qui gardaient les passages, à se replier sur Milan, et remporta une victoire décisive à la journée de Marignan. D'un seul coup le Milanais fut reconquis.

Un nom évoque la gloire des guerres d'Italie, c'est celui de Bayard, *le chevalier sans peur et sans reproche.*

PAGES D'HISTOIRE

Bayard ! Ce nom évoque la bravoure militaire, la générosité, un pont défendu par un seul homme contre toute une armée, une armure comme au moyen-âge, le respect à la parole donnée, la loyauté et la chevalerie avec tout ce que ce mot comporte d'élégance et d'héroïsme.

Au moment de l'avènement du roi François Ier, celui qui mérita d'être surnommé *le chevalier sans peur et sans reproche* remportait de grands succès en Italie, dans le Milanais où son roi vint le rejoindre. Les Italiens étaient soutenus par les troupes suisses, qui étaient excellentes. Une grande bataille se préparait. Le jeudi 13 septembre 1515, vers midi, on entendit mugir dans les rues de Milan, le taureau d'Uri et la vache d'Unterwalden. A ce signal, les Suisses, les cavaliers italiens, et l'artillerie sortirent de la Ville et allèrent vers le camp français. On prévint François Ier, qui était sur le point de se mettre à table. Aussitôt, il s'arma et courut défendre l'artillerie, contre laquelle se portaient les efforts des Suisses. Les lansquenets menés par le duc de Guise, qui trouva la mort dans cet engagement, le comte de Saint-Pol et le bon chevalier Bayard, refoulèrent l'ennemi.

Plus de deux mille Suisses se campèrent en face de François Ier, qui les chargea gaillardement, se donnant autant que s'il avait été un simple gentilhomme et réussit à les rompre. Le combat dura dans la nuit. Elle était tombée depuis quatre heures que l'on se battait encore et avec un égal acharnement des deux parts.

Pendant la dernière charge, Bayard ayant eu son cheval tué sous lui, était remonté sur un autre *gaillard coursier*. Mais tandis qu'il se démenait au milieu des piques suisses, ses rênes furent coupées par les ennemis. C'est alors que le chevalier sans peur et sans reproche faillit être victime d'un accident qui aurait pu lui coûter la vie. Le cheval, ne se sentant plus retenu, partit au grand galop, traversa les rangs ennemis et emportait son cavalier vers un autre bataillon suisse, lorsqu'il dut s'arrêter dans les vignes qui l'empêchaient d'avancer.

Bayard crut que sa dernière heure était venue, car les

Suisses ne l'auraient pas épargné, s'ils l'avaient tenu. Toutefois, il ne perdit pas son sang-froid. Il descendit de cheval aussi vite que le lui permettait son armure. Il se débarrassa rapidement de son armet et de ses cuissards, et se dirigea à quatre pattes vers l'endroit, où il entendait crier " France."

Il rencontra tout d'abord le duc de Guise, qui fut bien étonné de le rencontrer ainsi démonté et lui fit donner un admirable cheval nommé le Carman, et qui justement était un présent que lui avait fait Bayard.

Il l'avait trouvé lors d'une autre bataille, à Brescia, et l'abandonna à la bataille de Ravenne, les flancs percés de deux coups de pique et la tête ensanglantée par plus de vingt coups d'épée. La noble bête, cependant, n'était point morte, et le lendemain, un soldat qui passait, l'entendit hennir avec tant de tristesse, que ce bon homme en eut pitié et la ramena au logis du chevalier, qui la fit soigner. L'animal se soumit doucement à tous les pansements, et en peu de temps il fut en état de reparaître sur les champs de bataille. Les combats l'excitaient à tel point que dès qu'il voyait une épée nue il courait la saisir avec les dents. On pense avec quel plaisir Bayard, heureux d'avoir échappé au péril et d'avoir retrouvé son magnifique cheval, se remit en selle.

Il lui manquait un armet, et il était extrêmement dangereux de combattre le tête nue. Un gentilhomme de ses amis vint à passer, un page le suivait en portant son armet que Bayard emprunta.

Cependant, la lune s'étant couchée, la nuit devint si noire qu'il fallut bien s'arrêter de combattre, car l'on ne savait plus si l'on attaquait un ennemi ou un frère d'armes. La victoire n'était point décidée. On suspendit le combat durant quelques heures.

Il reprit de plus belle au point du jour, mais dans des conditions différentes et très-inégales, car les Français avaient tiré parti de la nuit en remettant de l'ordre dans leurs rangs. Et quand ce fut l'aube, la présence du roi que l'on avait cru mort parut aux soldats comme un gage de victoire, et bien qu'ils fussent épuisés par les efforts de la veille, ils reprirent courage. L'artillerie, dirigée par le grand maître Galiot de Genouillac, fit merveille. Elle seconda admirablement les lansquenets et portait le désordre parmi les Montagnards, qui après quatre heures de combat durent s'enfuir du côté de Milan.

La bataille de Marignan était gagnée. C'est un des grands combats de l'histoire. Le vieux maréchal Trivulce, qui avait pris part à dix-huit batailles, disait qu'elles n'étaient toutes que des jeux d'enfant, mais que Marignan était un combat de géants.

Il coûta cher aux deux partis. Quinze mille Suisses étaient tombés sur le champ de bataille, et du côté des Français, la noblesse fut très-éprouvée. On déplora la mort du duc de Châtellerault, du sire de Bourbon-Carenci, frère du duc de Guise, des sires de Bussy, d'Amboise et d'Imbercourt, tous morts glorieusement.

Cependant, la victoire était incontestable et en valait la peine. La joie fut grande dans le camp français et bien que chacun eût fait son devoir avec vaillance, tout le monde s'accorda pour acclamer Bayard comme le héros de la journée.

Le roi François Ier, qui l'avait vu combattre, voulut lui donner une preuve éclatante de l'estime où il le tenait, en lui demandant de l'armer chevalier.

Il y avait cependant au camp français, de grands personnages : le duc de Bourbon, les ducs de Lorraine, de Savoie, de Ferrare ; les maréchaux de La Palisse, de la Tremouille, d'Aubigny. Le roi préféra recevoir l'ordre de chevalerie de la main d'un simple capitaine. Et l'historien de Bayard, celui qui a signé modestement son œuvre : *le loyal serviteur*, ajoute que le roi " avait bien raison, car de meilleur il n'eût pu prendre."

La cérémonie fut d'une grandiose simplicité.

François Ier, s'adressant au chevalier sans peur et sans reproche, lui dit :

" Bayard, mon ami, je veux être fait aujourd'hui chevalier

par vos mains, car j'estime que le chevalier qui a combattu à pied et à cheval en tant de batailles doit être réputé le plus digne."

"Sire," répondit Bayard, "celui qui est roi d'un si noble royaume est chevalier sur tous les autres."

"Point d'excuses, Bayard," reprit le roi, "dépêchez-vous. Il ne faut ici alléguer ni lois, ni canons. Faites mon vouloir et commandement si vous voulez être du nombre de mes bons serviteurs et sujets."

"Certes," répondit alors Bayard, "si ce n'est assez d'une fois, puisque telle est votre volonté, je le ferais sans nombre pour accomplir, moi indigne, votre vouloir et commandement."

Il prit alors sa bonne épée et en frappa trois coups sur l'épaule du roi en s'écriant :

"Sire, autant vaille que si c'était Roland ou Olivier, Godefroy ou Baudouin son frère. Certes, vous êtes le premier prince que oncques fis chevalier ; Dieu veuille qu'en guerre ne preniez la fuite."

Il s'arrêta un moment, regarda son épée et lui adressa ainsi la parole :

"Tu es bien heureuse d'avoir aujourd'hui donné l'ordre de chevalerie à un si vertueux et puissant roi. Certes, ma bonne épée, vous serez moult bien comme relique gardée et honorée, et ne vous porterai jamais si ce n'est contre Turcs, Sarrasins ou Maures."

Puis il fit deux sauts et la remit au fourreau.

Le roi de France était fait chevalier.

La victoire de Marignan eut non seulement des conséquences glorieuses mais encore l'effet le plus profitable, car elle ouvrit aux Français les portes de Milan et peu après le pape Léon X signa avec François Ier un traité d'alliance.

.   .   .   .

PAGES D'HISTOIRE

Le règne de François Ier fut rempli par des guerres presque continuelles. Elles avaient pour but de briser la puissance de Charles-Quint qui régnait sur l'Espagne et sur l'Autriche.

Il possédait avec le Brabant, l'Artois par lequel il pouvait arriver tout de suite en Picardie, à une trentaine de lieues de Paris. Il possédait le Hainaut, le Luxembourg qui lui ouvraient une route à travers la Champagne. Il tenait à l'est la Franche-Comté, c'est-à-dire le Jura, qui domine la Bourgogne. Empereur, il pouvait encore du côté de l'est jeter sur notre pays toutes les forces de l'Allemagne. Roi d'Espagne et maître du Roussillon, il pouvait envahir le midi de la France. Roi de Naples, il tenait en échec notre puissance en Italie. La maison d'Autriche devenait donc un danger pour la maison de France, et une rivalité qui devait durer plusieurs siècles s'engagea entre les deux puissances. Ce qui permit à François Ier de se mesurer sans trop de dé-savantage avec Charles-Quint, c'est que le sentiment national, déjà fort, grandissait du milieu des épreuves et des périls. Il n'était plus temps, pour qu'un ennemi, même aussi redoutable que Charles-Quint put démembrer la France.

LE CAMP DU DRAP D'OR (1520)

Pour lutter avantageusement contre l'empereur Charles-Quint, le roi de France, François Ier, chercha des alliances. Le roi d'Angleterre pouvait jouer un rôle important dans la lutte, et c'est avec raison qu'Henri III avait pris pour devise : " Qui je défends est maître."

François Ier essaya de s'allier avec lui contre le nouvel empereur qui enveloppait et serrait la France de tous côtés. Le roi de France demanda une entrevue au roi d'Angleterre. Elle eût lieu, l'année 1520, en plein champ, entre Guines et Ardres.

On déploya des deux côtés une magnificence inouïe. Des tentes merveilleuses, que l'on appellerait plus justement des palais provisoires, furent élevées aux portes de Guines et d'Ardres.

Il faut se hâter d'ajouter que si cette entrevue est restée célèbre dans l'histoire, c'est beaucoup plus par son faste royal, par les plaisirs qui ne cessèrent de solliciter les assistants et par quelques traits personnels, que par ses résultats sur la politique générale des grandes nations.

On l'appela le Camp du Drap d'Or.

La dépense que firent les seigneurs des deux cours en habits et équipages, en bonne chère, en divertissements de toute sorte " ne se peut estimer," dit Martin du Bellay, " tellement que plusieurs portèrent leurs moulins, leurs forêts et leurs prés sur leurs épaules. Pourquoi la dite assemblée fut nommée le " Camp du Drap d'Or."

Le roi d'Angleterre avait fait élever par onze cents ouvriers, choisis parmi les plus habiles des Flandres et de la Hollande, une sorte de palais en bois, de forme quadrangulaire, long de 128 pieds par côté. Sur la face où se trouvait l'entrée était une fontaine dorée que dominait une statue de

PAGES D'HISTOIRE

Bacchus et d'où sortaient un grand nombre de jets des meilleurs vins connus et qui portait cette inscription en lettres d'or :

" Faites bonne chère qui voudra."

Vis-à-vis du Palais, on avait dressé une grande figure de sauvage qui portait les armoiries de la race du roi d'Angleterre et lui-même en avait indiqué l'inscription orgueilleuse :

" Celui que je soutiens l'emporte."

Le roi de France, poussé par son esprit fastueux et chevaleresque se montra jaloux d'égaler en magnificence et en luxe son noble visiteur et il fit dresser, près d'Ardres, une tente immense, que soutenait à son centre, un mât démesuré, profondément enfoncé dans le sol.

En forme de dôme, l'immense tente, était entièrement couverte, à l'extérieur, de drap d'or qui étincelait au soleil. A l'intérieur, elle représentait une sphère merveilleusement tendue en velours azuré, tout semé d'étoiles en or fin, pour figurer le firmament pendant une belle nuit sans nuages. A tous les angles de l'immense tente, on en avait dressé une plus petite mais non moins riche d'aspect et qui était comme un satellite de l'astre étincelant qui, posé sur le sol, rivalisait en éclat avec le soleil qui le faisait miroiter.

La première entrevue eût lieu en présence de tous les courtisans. Les deux rois montés sur des coursiers superbes et vêtus avec un luxe dont on n'a plus idée aujourd'hui, allèrent l'un au-devant de l'autre.

Le cheval du roi d'Angleterre ayant bronché, on vit tous les visages anglais se rembrunir. Cependant les deux princes se saluèrent courtoisement et avec affabilité et sans descendre de cheval, ils s'accolèrent. Puis, après avoir mis pied à terre, ils se dirigèrent en devisant amicalement vers la tente où ils se présentèrent mutuellement leurs principaux courtisans. On but ensuite des vins français. Le roi François se montra plein d'une bonne humeur qui disposa tous les étrangers en sa faveur, et le chroniqueur anglais, Edward Hall, décrit ainsi cet " aimable prince, fier de maintien et agréable de manières, le teint brun, les yeux profonds, le nez allongé, les lèvres épaisses, la poitrine et les épaules larges, avec de petites jambes et de grands pieds."

Ensuite, les bals, les tournois, les luttes, les fêtes de toutes sortes se succédèrent sans interruption. Les banquets où étaient servis en profusion les mets les plus recherchés, furent splendides.

La cuisine française, comme on pense, triompha alors comme elle triomphe aujourd'hui. Elle fit une profonde impression sur le Cardinal Wolsey, premier Ministre et favori d'Henri III. Wolsey était l'amphitrion le plus libéral d'Angleterre. Et son goût se développa beaucoup en savourant l'excellente cuisine des maîtres-queux français du Camp du Drap d'Or. Quand il fut de retour en Angleterre, son Palais de Hampton Court devint une école pour les gourmands du temps.

Cependant, lorsque commencèrent les tournois, dans les combats corps à corps, les Anglais mieux exercés, remportèrent le prix. Mais le roi de France vengea les lutteurs français en jetant rudement sur le sol Henri III qui lui avait jeté un défi.

Un chroniqueur du temps raconte la scène comme il suit :

" Alors commencèrent les joutes qui durèrent huit jours, et furent merveilleusement belles, tant à pied comme à cheval. Après tous les passe-temps, le roi de France et le roi d'Angleterre se retirèrent en un pavillon où ils burent ensemble. Et là le roi d'Angleterre prit le roi de France par le collet et lui dit :

"Mon frère, je veux lutter avec vous."

Et il lui donna un attrape ou deux ; et le roi de France qui était un fort bon lutteur, lui donna un tour et le jeta par terre. Et voulait encore le roi d'Angleterre relutter, mais tout cela fut rompu, et fallut aller souper.

Henri III, qui avait toujours vaincu ses courtisans, ne put cacher son dépit et garda rancune à son vainqueur.

Ainsi, tout le bénéfice du luxe déployé par le roi chevalier fut perdu, et il ne put faire alliance avec le roi d'Angleterre.

.   .   .   .   .   .

PAGES D'HISTOIRE

La première guerre de François Ier contre Charles-Quint, avait pour objet d'enlever ce pays à la domination du puissant empereur d'Allemagne.

François Ier allait descendre au delà des Alpes pour venir au secours de Lautrec, qui avait été battu, lorsqu'il apprit qu'un des plus riches seigneurs de France, issu du sang royal, le connétable de Bourbon, ambitieux mécontent, avait conclu un traité avec l'empereur d'Allemagne et le roi d'Angleterre pour leur livrer la France. La trahison découverte, Bourbon s'enfuit, mais l'armée du roi de France fut vaincue à Biagrasso par le connétable de Bourbon lui-même, qui n'eût point honte de porter les armes contre son pays.

Pendant la retraite des Français, le chevalier Bayard, qui défendait bravement l'arrière-garde, fut mortellement blessé par un coup d'arquebuse. On le coucha au pied d'un arbre. Les ennemis survinrent et le couchèrent sur un lit de camp. Le connétable de Bourbon osa s'approcher du bon chevalier qui, avant de mourir, lui reprocha vivement sa trahison.

François Ier et Bayard.—" Sire, Dieu veuille qu'en guerre ne preniez la fuite."

LE CONNÉTABLE DE BOURBON ET BAYARD

Par FÉNELON

Il n'est jamais permis de prendre les armes contre sa patrie

BOURBON. N'est-ce point le pauvre Bayard que je vois, au pied de cet arbre, étendu sur l'herbe, et percé d'un grand coup ? Oui, c'est lui-même. Hélas ! je le plains. En voilà deux qui périssent aujourd'hui par nos armes, Vandenesse et lui. Ces deux Français étaient deux ornements de leur nation par leur courage. Je sens que mon cœur est encore touché pour sa patrie. Mais avançons pour lui parler. Ah ! mon pauvre Bayard, c'est avec douleur que je te vois en cet état.

BAYARD. C'est avec douleur que je vous vois aussi.

BOURBON. Je comprends bien que tu es fâché de te voir dans mes mains par le sort de la guerre. Mais je ne veux point te traiter en prisonnier ; je te veux garder comme un bon ami, et prendre soin de ta guérison comme si tu étais mon propre frère : ainsi tu ne dois pas être fâché de me voir.

BAYARD. Eh ! croyez-vous que je ne suis pas fâché d'avoir obligation au plus grand ennemi de la France ? Ce n'est point de ma captivité ni de ma blessure dont je suis en peine. Je meurs : dans un moment, la mort va me délivrer de vos mains.

BOURBON. Non, mon cher Bayard, j'espère que nos soins réussiront pour te guérir.

BAYARD. Ce n'est point là ce que je cherche, et je suis content de mourir.

BOURBON. Qu'as-tu donc ? Est-ce que tu ne saurais te consoler d'avoir été vaincu et fait prisonnier dans la retraite de Bonnivet ? Ce n'est pas ta faute ; c'est la sienne : les armes sont journalières. Ta gloire est assez bien établie par tant de belles actions. Les Impériaux ne pourront jamais oublier cette vigoureuse défense de Mézières contre eux.

BAYARD. Pour moi, je ne puis jamais oublier que vous êtes ce grand connétable, ce prince du plus noble sang qu'il y ait dans le monde, et qui travaille à déchirer de ses propres mains sa patrie et le royaume de ses ancêtres.

BOURBON. Quoi ! Bayard, je te loue, et tu me condamnes ! je te plains et tu m'insultes !

BAYARD. Si vous me plaignez, je vous plains aussi ; et je vous trouve bien plus à plaindre que moi. Je sors de la vie sans tache ; j'ai sacrifié la mienne à mon devoir ; je meurs pour mon pays, pour mon roi, estimé des ennemis de la France, et regretté de tous les bons Français. Mon état est digne d'envie.

BOURBON. Et moi je suis victorieux d'un ennemi qui m'a outragé ; je me venge de lui ; je le chasse du Milanais ; je fais sentir à toute la France combien elle est malheureuse de m'avoir perdu en me poussant à bout : appelles-tu cela être à plaindre ?

BAYARD. Oui : on est toujours à plaindre quand on agit contre son devoir : il vaut mieux périr en combattant pour la patrie, que la vaincre et triompher d'elle. Ah ! quelle horrible gloire que celle de détruire son propre pays !

BOURBON. Mais ma patrie a été ingrate après tant de services que je lui avais rendus. Madame m'a fait traiter indignement. Le roi, par faiblesse pour elle, m'a fait une injustice énorme en me dépouillant de mon bien. On a détaché de moi jusqu'à mes domestiques Matignon et d'Argouges. J'ai été contraint, pour sauver ma vie, de m'enfuir presque seul : que voulais-tu que je fisse ?

BAYARD. Que vous souffrissiez toutes sortes de maux, plutôt que de manquer à la France et à la grandeur de votre maison. Si la persécution était trop violente, vous pouviez vous retirer ; mais il valait mieux être pauvre, obscur, inutile à tout, que de prendre les armes contre nous. Votre

22

LE CONNÉTABLE DE BOURBON

gloire eût été au comble dans la pauvreté et dans le plus misérable exil.

Bourbon. Mais ne vois-tu pas que la vengeance s'est jointe à l'ambition pour me jeter dans cette extrémité ? J'ai voulu que le roi se repentît de m'avoir traité si mal.

Bayard. Il fallait l'en faire repentir par une patience à toute épreuve, qui n'est pas moins la vertu d'un héros que le courage.

Bourbon. Mais le roi, étant si injuste et si aveuglé par sa mère, méritait-il que j'eusse de si grands égards pour lui ?

Bayard. Si le roi ne le méritait pas, la France entière le méritait. La dignité même de la couronne, dont vous êtes un des héritiers, le méritait. Vous vous deviez à vous-même d'épargner la France, dont vous pouviez être un jour roi.

Bourbon. Eh bien ! j'ai tort, je l'avoue ; mais ne sais-tu pas combien les meilleurs cœurs ont de peine à résister à leur ressentiment ?

Bayard. Je le sais bien, mais le vrai courage consiste à y résister. Si vous connaissez votre faute, hâtez-vous de la réparer. Pour moi, je meurs ; et je vous trouve plus à plaindre dans vos prospérités, que moi dans mes souffrances. Quand l'empereur ne vous tromperait pas, quand même il vous donnerait sa sœur en mariage, et qu'il partagerait la France avec vous, il n'effacerait point la tache qui déshonore votre vie. Le connétable de Bourbon, rebelle ! ah ! quelle honte. Ecoutez Bayard mourant comme il a vécu, et ne cessant de dire la vérité.

    .   .   .   .

PAGES D'HISTOIRE

François Ier sut donner aux lettres et aux arts un lustre nouveau. Ce fut l'époque appelée *Renaissance* parce que l'esprit français renaissait dans tous les domaines de l'intelligence.

Le roi fonda le Collège de France pour favoriser les études du grec, de la langue hébraïque, de la médecine, de la philosophie, et des sciences mathématiques.

Des grands poètes et des grands prosateurs parurent : Ronsard, Marot, Amyot, Rabelais, Montaigne.

La France produisit encore de grands artistes comme Pierre Lescot, Philibert Delorme, Jean Goujon, Germain Pilon, Jean Cousin, etc.

François Ier sut aussi, par ses libéralités, attirer à la cour de grands artistes italiens, comme Léonard de Vinci, le Rosso, le Primatice, Andrea del Sarto, et Benvenuto Cellini, qui a laissé de pittoresques mémoires où il raconte son séjour en France.

FRANÇOIS IER PROTECTEUR DES ARTS

Par BENVENUTO CELLINI

Nous voyageâmes vers Paris, sans trop de peine ; mais nous nous arrêtâmes à Fontainebleau, où se trouvait la cour.

Le cardinal informa bientôt le roi de mon arrivée ; et le prince voulut me voir sur le champ. Je me présentai devant Sa Majesté, avec l'aiguière et le bassin d'argent, et je lui baisai les genoux. J'en fus accueilli avec beaucoup de bonté ; je le remerciai de m'avoir fait sortir de prison en lui disant qu'il était digne d'un grand monarque comme lui de protéger l'innocence, et que ses bienfaits étaient écrits au ciel et dans le cœur de tous les gens de bien. Ce bon prince m'écouta avec beaucoup d'attention, et me répondit par des paroles bienveillantes et dignes de lui. Il prit ensuite les deux vases, en déclarant qu'il ne croyait pas que les anciens eussent jamais rien fait de si beau, et qu'ils surpassaient tout ce qu'il avait vu de plus rare en Italie. Il parlait français au cardinal ; et, se tournant vers moi, il me dit en italien : " Reposez-vous, *Benvenuto*, et amusez-vous pendant quelques jours. Je vais songer à vous occuper." Je passai le temps à me tourmenter derrière le train de la cour, parce que la suite du roi, même en temps de paix, est au moins de dix-huit mille chevaux ; de sorte que, souvent, nous ne trouvions point de logement et nous étions obligés de vivre à la façon des Bohémiens.

Cependant, je sollicitai le cardinal de me faire donner de l'ouvrage ; mais il m'engageait à attendre patiemment que le roi se souvînt de moi, et à me présenter devant Sa Majesté à l'heure de ses repas. Le moment arriva. Un matin, à son dîner, elle me vit, m'appela et me dit en italien qu'elle avait le désir de me donner de grands travaux, de faire mes préparatifs ; qu'elle me pourvoirait de tout ce qui me serait nécessaire. Elle ajouta beaucoup de choses qui me firent autant d'honneur que de plaisir. Le cardinal, qui, le matin, mangeait presque toujours avec le roi, lui dit, comme il sortait de table : "Sire, *Benvenuto* est las de rester oisif ; c'est un malheur que de faire perdre son temps à un homme comme lui." "C'est fort bien," répondit le roi ; "demandez-lui quel est le traitement qu'il désire." Le cardinal me fit part des paroles du roi, et me dit que je devrais être content, s'il me donnait trois cents écus par an ; et que d'ailleurs je le laissasse faire, parce que, dans ce grand royaume, il y avait toujours quelque chose à gagner, surtout quand je serais aidé par lui. "Votre Seigneurie révérendissime," lui répondis-je, "m'avait promis de ne point me faire venir d'Italie sans que je fusse assuré de mon traitement. Elle m'a fait prendre la porte, à moi et à mes gens, et c'est pour me faire avoir trois cents écus, quand je ne me serais pas mis en route pour six cents ! Je rends grâces à Dieu, et à Votre Seigneurie, qui m'a rendu de si grands services. Elle peut être certaine de mon éternelle reconnaissance, dussé-je éprouver encore de plus grands malheurs." Le cardinal se mit en colère, et me dit d'aller où je voudrais, parce qu'on ne pouvait faire du bien à un homme malgré lui. Parmi ses courtisans, les uns me trouvaient ridicule de refuser un tel prix ; les autres disaient que le cardinal me traitait comme une espèce de marchandise ; que le roi ne trouverait jamais mon pareil ; et, parmi ceux-ci, était le savant Louis *Alamanni*. Tout cela me fut dit dans la suite, dans un château de Dauphiné, où nous passâmes la nuit.

Ayant quitté le cardinal, je m'en allai à mon logement, qui était à trois milles de distance, avec son secrétaire, qui avait le sien dans le même lieu. Pendant que nous marchions ensemble, cet homme ne cessait de me redemander ce que je comptais faire, et quel était le traitement que je voulais avoir. Moi, le cœur plein à la fois de douleur et de rage, je ne lui répondis que ces mots, que je répétais souvent : Aurais-je dû prévoir cela ! *Pagolo* et *Ascanio*, qui m'attendaient, me voyant le visage tout troublé, me forcèrent à leur en dire le sujet ; et, comme je les vis dans le désespoir : Demain matin leur dis-je, je vous donnerai plus d'argent qu'il ne vous en faut pour retourner dans vos familles. Une affaire importante m'appelle dans un lieu où vous ne devez pas me suivre, et qu'il n'est pas nécessaire que vous le sachiez. Je n'ai point ouï dire que le secrétaire du cardinal, qui pouvait m'entendre de sa chambre voisine de la mienne, lui eût fait savoir ma résolution. Je passai la nuit sans dormir, impatient de voir le jour. Dès le matin, je fis tenir mes chevaux prêts, je mis mes affaires en ordre, je fis présent à ces jeunes gens de tout ce que j'avais apporté avec moi, avec cinquante ducats d'or. J'en gardais autant pour moi, avec le diamant que je tenais du duc de Ferrare, et je n'emportais que deux chemises et les habits que j'avais sur moi. Mes jeunes élèves ne pouvaient se résoudre à me quitter. "Comment," leur dis-je, "quoique jeunes, je vous ai rendu les garçons les plus instruits de l'Italie, et vous n'avez pas honte de vouloir rester encore sous ma férule ! Je ne vous laisse point sans ressource ; allez et que Dieu vous bénisse." Je montai à cheval, et je les quittai tous les deux en pleurs. Je pris mon chemin par un bois, et je voulais ce jour-là faire quarante milles au moins, pour me trouver dans un pays où je ne fusse point connu, et y travailler à mon aise à un Christ d'une beauté égale à celui qui m'était tant de fois apparu, lorsque j'entendis des chevaux galoper derrière moi. Je craignis que ce ne fût de ces brigands qui assiègent les grands chemins et qui se moquent de la potence à laquelle ils sont sans cesse exposés ; mais je vis bientôt que c'était *Ascanio*, accompagné d'un messager, qui venait me chercher de la part du roi. "Vous êtes envoyé," lui dis-je, "par le cardinal de Ferrare ; je ne veux point y aller." Cet homme me répondit que puisque je ne voulais pas retourner de bonne grâce, il avait l'ordre d'employer la force pour me faire son prisonnier. *Ascanio*, se joignit à lui, en me disant que lorsque le roi faisait mettre quelqu'un en prison, il y restait cinq ans au moins. Ce mot de prison où j'avais tant souffert à Rome, me causa un tel effroi, que sur le champ j'obéis à l'ordre du messager, qui me conduisit à la cour, en me tenant les plus sots discours du monde pendant toute la route.

En entrant dans le palais du roi, nous passâmes devant le logement de Mgr le cardinal, qui m'aperçut, me fit entrer chez lui, et me dit que le roi m'accordait le même traitement qu'à Léonard de *Vinci*, le peintre, qui était de six cents écus, et qu'en outre il me payerait tout ce que je ferais pour lui ; que, pour me défrayer de mon voyage, j'aurais cinq cents écus qui me seraient comptés sur le champ. Je répondis au cardinal que c'étaient des offres vraiment dignes d'un vrai prince tel que le roi ; et l'homme qui m'avait ramené, présent à ce discours, conçut pour moi une si grande considération, qu'il me fit mille excuses. J'allai le lendemain remercier le roi, qui me demanda le modèle de douze chandeliers d'argent pour sa table, représentant six dieux et six déesses. Ils les voulait hauts comme lui, dont la taille n'était guère moins que de trois brasses. Se tournant ensuite vers son trésorier, il lui demanda s'il m'avait compté cinq cents écus ; celui-ci ayant répondu qu'il n'avait reçu aucun ordre, le roi, qui en avait chargé le cardinal, en parut fort mécontent. Il me dit d'aller à Paris, et de chercher un logement qui me convînt. Je partis après avoir reçu cette somme ; j'allai loger chez le cardinal, et j'y fis quatre petits modèles de cire, représentant Jupiter, Junon, Apollon, et Vulcain. Le roi étant revenu à Paris, j'allai les lui faire voir ; il en fut si satisfait, qu'il voulût que je commençasse à mettre en œuvre le Jupiter. Je présentai à Sa Majesté mes deux élèves qui avaient porté les modèles, en lui disant que je n'aurais pas trouvé en France des garçons en état de m'aider ; et, sur le champ, elle leur accorda cent écus de gages à chacun ; traitement que je trouvai fort magnifique. Je lui dis ensuite que j'avais vu un emplacement qui me serait fort convenable, appelé le *Petit-Nesle*,[1] appartenant au prévôt de Paris ; c'était alors d'Estouteville, seigneur de

---

[1] Il était situé sur le terrain où a été bâti l'hôtel de la Monnaie.

Le Camp du Drap d'Or.—Magnificence de François Ier.

Villebon, mais qui ne s'en servait pas. "Cette maison est à moi," dit le roi, "je la lui avais donnée ; mais puisqu'il ne l'habite pas, vous irez vous y établir," et de suite, il donna des ordres à un de ses officiers, qui osa lui faire quelques représentations ; mais le roi se fâcha, et lui ordonna de me faire céder le logement, de force ou de gré, puisqu'il était inutile au prévôt de Paris.

Cet officier m'y conduisit lui-même ; il eut quelque peine à m'en mettre en possession, et me dit, en me quittant, de prendre bien garde à moi. J'eus soin, en m'y établissant, de me pourvoir de gens pour me servir, et d'acheter des armes pour me défendre ; car j'y recevais des insultes continuelles, et j'y étais entouré d'ennemis. Je ne dois pas oublier de faire remarquer que mon entrée au service du roi fut l'année 1540, et la quarantième de mon âge.

Ne me trouvant point en sûreté au Petit-Nesle, j'allai prier le roi de me donner un autre logement. "Qui êtes-vous," me dit-il, "et quel est votre nom ?" Je restai dans une extrême surprise, ne sachant ce que ces paroles voulaient dire ; et, comme je ne répondais pas : "Qui êtes-vous donc ?" me répéta-t-il. "*Benvenuto,*" lui répondis-je. "Si vous êtes ce *Benvenuto* dont j'ai appris tant de choses, ajouta-t-il, faites selon votre coutume, je vous en donne pleine licence." "Il me suffit de conserver les bonnes grâces de Votre Majesté," lui répartis-je "ne crains rien pour le reste." "Hé bien, allez," me répondit ce prince en souriant, "elles ne vous manqueront jamais."

Il ordonna aussitôt à l'un de ses secrétaires, appelé M. de Villeroy,[1] de me faire pourvoir de tous mes besoins. Ce secrétaire était grand ami du prévôt à qui appartenait le Petit-Nesle. Cette maison était une espèce de château antique qui touchait aux murs de Paris, assez grand, et de forme triangulaire. Il n'y avait aucun soldat pour le garder. M. de Villeroy me conseillait de chercher un autre établissement, parce que le prévôt était un homme puissant qui me ferait tuer quelque jour. "Je suis venu d'Italie en France," lui

---

[1] Nicolas de Neufville seigneur de Villeroy, secrétaire des finances.

répondis-je, " pour servir votre grand prince, et je n'ai pas peur de mourir, parce que tôt ou tard il faut le faire." Ce M. de Villeroy était un homme de beaucoup d'esprit, fort riche, admirable en toutes choses ; mais mon secret ennemi. Il mit après moi un certain M. de Marmagne, trésorier de la province de Languedoc. La première chose que fit celui-ci, fut de chercher dans cette maison l'appartement le plus commode, et de s'en saisir. J'eus beau lui représenter que le roi m'avait donné ce logement pour moi et mes gens, et que je ne voulais y souffrir personne autre ; cet homme était fier, audacieux et violent ; il me répondit qu'il voulait faire ce qui lui plairait, et que c'était de donner la tête contre une muraille, que de s'opposer à lui, et à M. de Villeroy. Je lui repartis que le roi était plus puissant que M. de Villeroy, et que c'était lui-même qui m'avait donné cette maison. Alors, furieux, il me dit beaucoup d'injures en français, auxquelles je répondis en italien ; et, voyant qu'il mettait la main à sa dague, qui était fort courte, je mis la main à la mienne qui était plus longue, et qui ne me quittait jamais, en lui disant qu'il était mort, s'il faisait le moindre signe. Marmagne avait deux valets avec lui, et moi mes deux jeunes gens. " Jetez-vous," leur dis-je, " sur ces deux marauds-là, et tuez-les, si vous pouvez, et, quand j'aurai tué leur maître, nous partirons." Celui-ci, voyant ma contenance assurée, se crut heureux de sortir la vie sauve. J'écrivis sur le champ au cardinal ce qui venait de se passer ; il alla raconter au roi, qui en fut affligé, et me recommanda au comte d'Orbec, qui eut toute sorte de soin de moi.

Dès que mon logement fut arrangé, comme je le voulais, je travaillai aux trois modèles de Jupiter, de Vulcain, et de Mars. Je les fis en terre renforcée par des barres de fer, de la grandeur qu'ils devaient avoir, et je reçus de la part du roi trois cents livres d'argent pour les établir. Pendant ce temps-là je mettais la dernière main au bassin et à l'aiguière du cardinal, et je les lui fis porter, après les avoir fait dorer. C'étaient les plus beaux vases qu'on eût vus en France. Il en fut si content, qu'il en fit présent au roi, qui, en retour, lui donna une abbaye de sept mille écus de rente. Sa Majesté voulait aussi me donner une preuve de sa satisfaction ; mais le cardinal lui dit d'attendre que j'eusse fait quelque chose pour elle. Néanmoins, le roi persista dans ses sentiments généreux, et dit qu'il fallait me donner cœur à l'ouvrage. "Sire," lui répondit le cardinal, "laissez-moi faire, je lui ferai trois cents écus au moins sur mon abbaye." Hélas ! je ne les obtins jamais. Je serais trop long, si je racontais tout ce qui m'arriva de la part de ce diable de cardinal.

Les faveurs du roi me faisaient considérer de tout le monde. Je reçus l'argent qu'il me fallait pour mes statues, et je commençai par celle de Jupiter, qui était déjà assez avancée, lorsque le roi vint à Paris. Aussitôt qu'il me vit, il me demanda si je pouvais lui montrer quelque chose dans mon atelier, parce qu'il avait envie d'y aller. L'ayant assuré que je le pouvais, le jour même, après son dîner, Sa Majesté y vint, accompagnée de Madame d'Étampes, du roi et de la reine de Navarre, sa sœur, de Mgr le dauphin, de Mme la dauphine, du cardinal de Lorraine, enfin de tout ce qu'il y avait de plus grand à sa cour. J'étais à travailler lorsque le roi parut. Je donnai l'ordre à tout mon monde de rester à sa place. Il me trouva ayant une grande plaque d'argent à la main, pour le corps de mon Jupiter ; un autre faisait une jambe, un autre la tête ; de sorte que c'était un bruit épouvantable dans mon atelier. Je venais de donner en ce moment un coup de pied à un petit garçon français, qui m'avait fait une sottise, et qui alla se cacher dans les jambes du roi ; ce qui le fit beaucoup rire. Sa Majesté me demanda ce que je faisais, et m'ordonna de ne pas me déranger. Elle me dit ensuite de prendre les choses à mon aise, et de soigner ma santé, parce qu'elle voulait me faire travailler longtemps. Je lui répondis que je serais malade, si je ne travaillais point, surtout à ce que je désirais faire pour elle. Le roi crut que je ne voulais lui adresser qu'un compliment, et recommanda au cardinal de Lorraine de me répéter ce qu'il m'avait dit ; mais je lui donnai de si bonnes raisons, qui furent rapportées au roi, qu'on me laissa toute liberté.

PAGES D'HISTOIRE

Le roi, en s'en allant, me laissa si rempli de ses bontés, que j'aurais peine à l'exprimer. Il me fit appeler quelques jours après, en présence du cardinal de Ferrare, qui dînait avec lui ; il était au second service lorsque je parus. M'étant approché de lui, il causa beaucoup avec moi, et me dit qu'il aurait envie d'une belle salière, pour accompagner les vases que M. le cardinal lui avait donnés, et que j'en fisse le dessin le plus tôt possible. "Votre Majesté," lui répondis-je, "l'aura sur le champ, si elle veut m'accorder un quart d'heure." (J'en avais fait le dessin depuis longtemps, dans l'espérance de l'exécuter un jour pour le cardinal.) Le roi, étonné, se tourne vers le roi de Navarre et les cardinaux de Lorraine et de Ferrare, et leur dit : "*Benvenuto* est vraiment un homme admirable et digne de se faire aimer et désirer de tous ceux qui le connaissent !" Ensuite il me dit qu'il verrait volontiers ce dessin. A ces mots je partis, et j'allai le chercher ; j'y joignis son modèle en cire. En les voyant, le roi s'écria : "C'est un ouvrage plus que divin ! Cet homme ne s'est donc jamais reposé !" Et, me regardant d'un œil satisfait, il m'invita à lui faire cette salière.

Le cardinal de Ferrare, qui était présent, jeta sur moi les yeux pour me faire entendre qu'il connaissait ce modèle, parce que j'avais ajouté au roi, que je la ferais pour celui qui devait l'avoir, comme pour me venger de ses vaines promesses ; et il dit au roi, comme pour se venger aussi : "Sire, c'est une grande entreprise que celle dont vous chargez *Benvenuto*, et il ne viendra jamais à bout de la finir. Ces grands hommes de l'art se promettent toujours plus qu'ils ne peuvent faire." Le roi lui répondit que si l'on pensait toujours à la fin d'un ouvrage, on ne l'entreprendrait jamais. "Vous avez raison, Sire," osai-je lui dire, "les princes qui, comme Votre Majesté, savent encourager ceux qui les servent, ne trouvent jamais en eux rien d'impossible ; et, puisque Dieu m'a donné un si bon maître que vous, j'espère achever tout ce que vous m'avez commandé." "Je le crois aussi," dit le roi en se levant de table. Il m'emmena ensuite dans sa chambre, et me demanda quelle quantité d'or il me faudrait pour cette salière. "Mille écus," lui répondis-je. Il fit venir sur le champ son trésorier, M. d'Orbec, et lui ordonna de me les donner vieux et de bon poids.

Ayant pris congé du roi, je repassai la Seine ; je pris chez moi, au lieu d'un sac, une bourse qu'une religieuse de mes parentes m'avait donnée à Florence ; et, comme il était encore de bonne heure, je me rendis seul, sans domestique, chez le trésorier, qui devait me compter les mille écus d'or. Je le trouvai occupé à les choisir, et il le faisait si lentement, qu'il me fallut attendre nuit close, avant qu'ils me fussent livrés. Soupçonnant là-dessous quelque trahison, j'eus la prudence de faire dire à quelques-uns de mes garçons de venir au-devant de moi. Ne les voyant point, je demandai si on les avait avertis ; un coquin de valet m'assura qu'il avait fait ma commission, et qu'ils n'avaient point voulu venir, mais qu'il me porterait cette somme si je le voulais. "Non," lui dis-je, "je la porterai moi-même." Quand j'en eus donné le reçu en bonne forme, je partis avec ma bourse bien attachée à mon bras gauche. J'étais armé, et j'avais ma cotte de mailles. Je m'étais aperçu que quelques valets parlaient bas entre eux, et étaient sortis avec moi, en prenant une rue opposée. C'est pourquoi je traversai à grands pas le pont au Change, et je suivis les bords de la Seine qui me conduisaient à mon logis. Quand je fus devant les Augustins, lieu très-dangereux, j'en étais encore trop éloigné pour qu'on pût m'entendre et venir à mon secours. C'est là précisément que je me vis attaqué par quatre hommes, l'épée à la main. J'enveloppai aussitôt de mon manteau le bras auquel ma bourse était attachée, et je mis la main à mon épée. " Avec un soldat," leur dis-je, lorsqu'ils me serraient de près, "on ne gagne que la cape et l'épée, et je vous les vendrai cher." Mais je m'aperçus bien qu'ils étaient endoctrinés par les valets qui m'avaient vu compter mon argent. Comme je me défendais vivement, peu à peu ils se retirèrent, en disant en Français : " C'est un brave Italien, et ce n'est pas celui que nous cherchions ; car il ne porte rien avec lui." Enfin, comme ils crurent qu'il n'y avait que de bons coups d'épée à gagner, et que je ne les ménageais pas, ils ne marchèrent plus que lentement après moi. Alors, précipitant mes pas, parce que je craignais quelque embuscade encore, et me voyant à portée de mon logement, je me mis à crier : " Aux armes ! Aux armes ! on veut m'assassiner." Quatre de mes gens accoururent avec des piques, et voulurent poursuivre ces coupe-jarrets, mais je les arrêtai, en leur disant : " Laissez-moi déposer cet argent qui m'arrache le bras, et nous donnerons ensuite sur ces quatre poltrons qui n'ont pu me le voler." Quand je fus entré, tout mon monde se mit après moi, en me faisant des reproches sur ce que je me fiais trop sur moi-même, et en me disant que quelque jour je me ferais tuer. Enfin, après bien des paroles et des plaisanteries, nous soupâmes aussi gaiement que s'il nous fut arrivé quelque chose d'heureux. Il est vrai que l'on dit qu'à force d'aller on trouve de mauvais pas ; mais les malheurs n'arrivent jamais de la même manière.

Le lendemain, je commençai ma salière pour le roi, sans oublier mes autres ouvrages. Je pris plusieurs garçons, soit orfèvres, soit sculpteurs, italiens, français et allemands, et je les changeais au fur et à mesure que j'en trouvais de plus habiles ; mais, fatigués par la force de mon exemple et de mon travail, qu'ils ne pouvaient suivre, et croyant en venir à bout à force de boire et de manger, quelques-uns, des Allemands surtout, y succombèrent. Quand j'eus avancé ma statue de Jupiter, je vis qu'il me restait assez de matière d'argent pour faire un vase à deux anses pour le roi, et à son insu, de la hauteur de quinze pouces environ. Je voulus aussi jeter en bronze le modèle de cette même statue ; mais je ne m'étais jamais occupé de cette espèce d'ouvrages. Je consultai quelques vieux maîtres de Paris en cet art, et je leur expliquai comment on s'y prenait en Italie. Ils me répondirent que cette manière n'était point la leur, que si je les laissais faire, ils étaient sûrs de réussir à rendre mon modèle en bronze, tel qu'il était en terre. Je fis mon marché avec eux ;

36

je leur promis le prix qu'ils me demandaient, et même quelque chose de plus. Je mis la main à l'ouvrage, mais je voyais qu'ils ne prenaient pas la bonne voie. Je voulus m'essayer aussi sur une tête de Jules-César, plus grande que nature, faite sur le modèle d'une petite que j'avais apportée de Rome, et dessinée d'après une superbe antique. J'y joignis une tête de la même grandeur, que je modelai sur celle d'une belle fille qui était à mon service, que j'appelais *Fontainebleau*, du nom du château chéri de Sa Majesté. Quand je vis achevés nos fourneaux, et nos formes cuites, je dis à mes maîtres fondeurs : Je crains que le Jupiter ne vienne pas bien, parce que vous n'avez pas assez donné de passage à l'air. Mais ils me répondirent qu'ils me rendraient mon argent, s'ils ne réussissaient pas, et que j'avais plus à craindre pour mes deux têtes, que je voulais fondre à la manière italienne. Ceci se passait devant quelques gentilshommes que le roi envoyait souvent, pour l'informer de tout ce qui se disait et se faisait chez moi. Avant de jeter la matière fondue pour le Jupiter, mes fondeurs voulaient aussi arranger les deux têtes, pour les fondre en même temps, persuadés que ma manière ne pourrait réussir, et que ce serait un malheur de perdre de si beaux ouvrages ; mais le roi, qui le sut, leur fit dire qu'ils songeassent à apprendre de leur maître, et non à vouloir lui en remontrer. Alors ils mirent en riant leur Jupiter dans la fosse. Moi, j'arrangeai mes deux têtes à ses côtés ; et, quand la matière fut bien fondue, nous lui laissâmes un libre passage. Nos moules furent parfaitement remplis ; et nous étions tous contents, moi d'avoir réussi à ma manière, et eux à la leur. Ils me prièrent de leur donner à boire, et je leur fis servir une bonne collation. Ils me demandèrent ensuite le paiement que je leur avais promis. "Vous riez," leur dis-je, alors ; "mais j'ai bien peur que vous ne pleuriez ensuite, parce que j'ai vu qu'il est entré dans le Jupiter plus de matière qu'il ne fallait ; c'est pourquoi je ne veux vous payer que lorsque la chose sera vérifiée." Ces pauvres gens sentirent que j'avais raison, et s'en allèrent sans rien dire. Ils revinrent le lendemain tout doucement vider leurs fosses, et commencèrent par celles des deux têtes, qui étaient parfaites, ils en vinrent ensuite à celle de Jupiter, qui leur fit faire un cri que je croyais de joie, et qui me fit accourir ; mais je leur trouvai des figures comme à ceux qui gardaient le tombeau de Notre Seigneur. "Vous voyez," leur dis-je, "ce qui vous est arrivé pour n'avoir pas voulu me croire. Il en serait résulté pour moi de l'honneur, et du profit pour vous. Apprenez donc à travailler, et non pas à vous moquer de ce qu'on vous dit." Ils convinrent de leur tort ; mais ils regrettèrent leur temps et leur dépense, à cause de leur famille qu'ils avaient à nourrir, et pour laquelle ils seraient obligés d'emprunter. "Quant à cela ne craignez rien," leur dis-je, "je vous paierai dès que le trésorier m'aura donné de l'argent." J'avais pitié d'eux, parce qu'ils avaient travaillé de bon cœur. Cette action m'attira encore plus la bienveillance des ministres, et des trésoriers du roi, qui le firent savoir à Sa Majesté, dont la libéralité et les bontés pour moi étaient infinies, et qui voulut qu'on me donnât tout ce que je demanderais.

Lorsque le brave M. Pierre *Strozzi* [1] obtint des lettres de naturalisation, qu'il avait demandées au roi, ce prince voulut m'en accorder aussi, sans que je les eusse demandées, et sans qu'elles me coûtassent rien, au lieu que M. *Strozzi* paya les siennes assez cher. Ces lettres me furent apportées par un secrétaire du roi, M. Antoine le Maçon, d'une manière fort gracieuse : il me dit que Sa Majesté me faisait cet honneur pour m'encourager à la servir ; que c'était une grâce que M. *Strozzi* avait longtemps sollicitée, et que le roi m'accordait de son propre mouvement, ce qu'il n'avait jusqu'alors fait pour personne. Plein de joie à ces mots, je remerciai le roi, et je priai M. le Maçon de me dire à quoi ces lettres pourraient m'être utiles. Celui-ci, se mettant à rire, me répondit en italien, qu'il parlait fort bien, que c'était le plus grand

---

[1] Depuis maréchal de France, cousin-germain de Catherine de Médicis.

honneur que pût recevoir en France un étranger ; que c'était plus que d'être noble Vénitien. Lorsque ce secrétaire eut rapporté au roi ce que je lui avais dit, il en rit beaucoup. Pour qu'il sache ce que valent ces lettres, ajouta-t-il, allez lui annoncer que je le fais seigneur du château du Petit-Nesle, qu'il habite, et qui est de mon patrimoine particulier. Je voulus faire un présent à M. le Maçon, lorsqu'il m'apporta cette nouvelle grâce ; mais il le refusa, en me disant qu'il ne m'apportait que les ordres du roi.

Je fus si sensible à cette grâce, que me faisait Sa Majesté, que j'en porte partout avec moi les lettres honorables, et elles ne me quitteront qu'avec la vie.

Or, ayant commencé le Jupiter d'argent, la salière d'or, le grand vase d'argent, les deux têtes de bronze, je me hâtai de les terminer. J'ajoutai à mon Jupiter un piédestal enrichi de superbes ornements. On y voyait l'enlèvement de Ganymède, Léda avec son cygne. J'en fis un semblable pour la statue de Junon, prêt à la mettre en œuvre lorsque le roi me ferait donner de la matière. J'avais fait, en outre, quelques petits ouvrages pour le cardinal de Ferrare, pour les seigneurs Pierre *Strozzi*, les comtes d'*Anguillara*, de *Petigliano*, et de la *Mirandole ;* et de plus un petit vase d'argent, fort riche d'ornements, pour Mme d'Etampes. Lorsque mon grand roi revint à Paris, il vint me visiter, avec toute sa cour, trois jours après son arrivée. Il ne pouvait comprendre comment j'avais pu faire tant d'ouvrages en si peu de temps. Pendant la conversation, on parla de Fontainebleau ; et Mme d'Etampes dit au roi que Sa Majesté devrait me commander quelque chose de beau pour ce magnifique palais. "Vous avez raison," dit le roi ; et il me consulta sur le champ sur ce que nous pourrions imaginer pour cette belle fontaine. Je lui fis part de mes avis ; il y ajouta les siens, il me dit ensuite qu'il allait passer quinze ou vingt jours à Saint-Germain ; que je lui fisse, pendant ce temps-là, un dessin, le plus beau que je pourrais imaginer, pour orner ce château, qui était ce qui lui plaisait le plus dans son royaume ; qu'il me *priait* d'y employer toute mon imagination et mon talent. Se tournant ensuite vers Mme d'Etampes : " Je n'ai jamais vu d'homme qui me soit plus agréable, et qui mérite plus d'être récompensé ! Quoique je le voie souvent, jamais il ne me demande rien : il ne pense qu'à son travail : c'est pourquoi je veux le fixer à Paris à force de récompenses." Mme d'Etampes lui répondit qu'elle aurait soin d'en faire souvenir Sa Majesté ; et ils me quittèrent.

Le roi reparut à Paris au bout d'un mois ; j'avais travaillé nuit et jour. Je lui portai un modèle relevé en bosse, qui en donnait une explication extrèmement claire. Comme je le trouvai tout soucieux, à cause de la guerre qui venait de se déclarer de nouveau avec l'empereur, je n'osai le lui montrer d'abord ; mais j'en parlai au cardinal de Ferrare, et je lui demandai si le moment était opportun pour le montrer à Sa Majesté. Le cardinal s'y prit de manière à lui en donner l'envie, et le roi se rendit à l'endroit où je l'avais placé. J'avais d'abord figuré la porte du palais ; et, pour changer le moins possible l'ordre de cette porte, qui était à la fois grande et petite, à la manière française, je l'embellis de certains ornements qui lui donnèrent une juste proportion. Deux satyres à demi-relief tenaient la place des colonnes. On y voyait des chiens, des cerfs, des sangliers, et autres animaux qui ont rapport à la chasse, deux victoires qui tenaient des flambeaux à la main, selon l'usage antique, assises sur les angles de la porte ; et au-dessus on voyait une *Salamandre* qui était l'emblème du roi. La vue de ce modèle le réjouit, et sembla lui faire oublier les chagrins que la guerre lui donnait. Je saisis ce moment pour lui montrer un autre modèle auquel il ne s'attendait pas. Il était haut de cinq pieds environ, et d'un carré parfait ; l'on y voyait de beaux escaliers qui s'entrecoupaient l'un l'autre, chose que l'on n'avait jamais vue, ni là, ni ailleurs. Il y avait, au milieu de la fontaine que représentait ce modèle, une espèce de fort, sur lequel était une statue nue, qui tenait une lance brisée de la main droite, et de la gauche une épée courbe. Elle était debout sur un pied, et posait l'autre sur un cimier fort orné ; et sur les quatre côtés de la fontaine étaient quatre figures, chacune avec leur attribut. Le roi me demanda ce que je voulais faire entendre dans ce modèle. Il me dit qu'il avait tout compris dans celui de la porte, et rien dans celui-ci ; mais qu'il savait bien que je n'étais pas comme tant d'autres, qui font de belles choses sans intention. "Sachez donc, Sire," lui répondis-je, "que le modèle est mesuré sur une petite échelle, et que la figure du milieu aura cinquante pieds de haut. . ." A ces mots, le roi fit un mouvement de surprise. "Elle représente le dieu Mars, dont vous êtes la vivante image par votre incomparable valeur, et par l'emploi que vous en faites. Les autres sont la sculpture, la peinture, l'architecture, et la musique, leur inséparable sœur, que vous protégez, et pour lesquelles votre libéralité n'a point de bornes." Le roi n'eut pas la patience de me laisser achever, et s'écria : "Cet homme est vraiment selon mon cœur, et il appela aussitôt ses trésoriers, pour leur donner l'ordre de m'avancer les sommes dont j'avais besoin, quelque grandes qu'elles fussent. Mon ami," me dit-il ensuite, en me frappant sur l'épaule, "je ne sais qui est le plus heureux, ou du prince qui trouve son homme, ou de l'homme qui trouve le prince qui lui convient." Je lui répondis que, si j'étais cet homme, mon bonheur serait beaucoup plus grand que celui du prince. "Dites," repartit le roi en riant, "que leur bonheur serait égal."

Je retournai à mon atelier, plein de joie et de satisfaction.

.   .   .   .

PAGES D'HISTOIRE

Après François Ier, le court règne de François II n'évoque que le souvenir de la gracieuse reine Marie Stuart.

Puis, sous son successeur, Charles IX, la France fut gouvernée en réalité par la reine-mère, Catherine de Médicis. On vit le commencement des guerres civiles religieuses qui devaient troubler la France pendant une quarantaine d'années.

Le chancelier Michel de l'Hôpital essaya en vain d'affermir la paix entre Catholiques et Protestants. Sa disgrâce amena un redoublement de rage dans les deux partis. Les Protestants que l'on appelait alors des Huguenots prirent de l'importance. Ils avaient pour chef, l'amiral Coligny.

LA SAINT-BARTHÉLEMY ET LA MORT
DE L'AMIRAL COLIGNY (1572)

Etourdi par les conseils de sa mère, Catherine de Médicis, Charles IX décida qu'il fallait délivrer son royaume de tous les Huguenots.

Il oublia la guerre avec l'Espagne, la conquête des Pays-Bas, l'alliance de l'Angleterre et la gloire que lui promettait Coligny dont l'influence sur lui avait été, un moment, prépondérante.

Les historiens racontent que le roi s'écria :

" Ce n'est pas deux ou trois Huguenots qu'il faut tuer, mais tous ! "

Cependant la reine-mère craignait que le roi ne changeât d'avis. Il aimait à faire le forgeron et il s'était retiré dans sa forge. On alla l'y retrouver à minuit pour l'affermir dans sa résolution. Il travaillait d'un air farouche et semblait inquiet. Pour empêcher qu'il ne revint sur sa décision, on avança le signal de deux heures.

A une heure du matin, le 24 août 1572, jour de la Saint-Barthélemy, la cloche de Saint-Germain l'Auxerrois se mit en branle et le tocsin retentit sinistrement dans toutes les églises de Paris. Les soldats et les bourgeois, marqués d'une croix blanche, remplirent les rues en criant : " Vive Dieu et le Roi."

Le duc de Guise à la tête de trois cents hommes se dirige vers la demeure de l'Amiral de Coligny. Une troupe commandée par un officier du nom de Besme, envahit la maison et enfonça les portes de l'appartement où se trouvait Coligny.

L'illustre vieillard s'avance au-devant d'eux, la tête nue et sans armes :

PAGES D'HISTOIRE

“ Est-ce toi qui est l'amiral ? ” lui demanda Besme. “ C'est moi qui le suis,” répond Coligny, et il ajoute aussitôt :

“ Jeune homme tu devrais respecter mes cheveux blancs.”

Les assistants émus de tant de grandeur et de courage allaient s'attendrir, et Besme lui-même laissait retomber son épée, lorsque la voix du duc de Guise, qui réclamait sa victime, se fait entendre dans la cour.

Besme n'hésite plus, et porte le premier coup au vieillard, qui tombe baigné dans son sang ; le reste de la bande se précipite sur lui et l'achève. Ensuite, le corps de l'amiral ayant été jeté par la fenêtre, le duc de Guise le foula aux pieds et lui cracha au visage.

Au bruit du tintement lugubre de toutes les cloches, les massacreurs se répandent dans Paris, avec des cris de mort. Ils enfoncent les portes, surprennent les Huguenots dans leur sommeil, et en font un horrible massacre.

“ Saignez ! saignez ! ” leur criait Tavannes, un des chefs du complot dont le récit qu'il écrivit du massacre de la Saint-Barthélemy nous a été conservé. “ Saignez, les médecins disent que la saignée est aussi bonne au mois d'août qu'en mai.”

“ On vit le roi,” dit Brantôme, “ tirer, d'une fenêtre du Louvre sur les Protestants fugitifs.” Mais plusieurs historiens pensent que ce détail est controuvé. Quoiqu'il en soit, Charles IX voulut ensuite contempler les restes mutilés de l'amiral, et les contemporains disent qu'il s'écria, comme le fit un ancien empereur romain :

“ Le cadavre d'un ennemi tué sent toujours bon.”

Par toute la ville, le massacre fut épouvantable :

“ La colère, le sang et la mort,” raconte Tavannes, “ couraient les rues en telle horreur, que leurs Majestés mêmes, qui en étaient les auteurs, ne se pouvaient garder dans le Louvre. Paris semblait une ville conquise, au regret des conseillers, n'ayant été résolu que la mort des chefs et factieux ; au contraire, tous Huguenots, femmes et enfants, étaient tués

44

indifféremment, ne pouvant le roi, ni lesdits conseillers retenir les armes qu'ils avaient débridées."

Un arrêt fut rendu contre la mémoire de l'amiral Coligny, on traîna sur la claie, son effigie faite de paille.

"Tout ce qu'on peut imaginer," dit un historien, "pour flétrir un homme éternellement, fut accumulé dans l'arrêt porté contre sa mémoire. Il y était dit que son effigie portée de la Grève à Montfaucon, resterait dans l'endroit le plus élevé ; que ses armes seraient traînées à la queue des chevaux par l'exécuteur de la haute justice, dans les principales villes du royaume ; injonction de lacérer et briser ses portraits et ses statues partout où ils se trouveraient, de raser son château de Châtillon-sur-Loing, sans qu'il pût jamais être rétabli ; de couper les arbres à quatre pieds de haut, de semer du sel sur la terre, et d'élever, au milieu des ruines, une colonne où l'arrêt serait gravé. Enfin, tous ses biens furent confisqués, ses enfants déclarés roturiers et inhabiles à jamais posséder aucune charge."

Les massacres se répétèrent dans les provinces. C'est à peine si quelques gouverneurs généreux refusèrent d'obéir aux ordres barbares de la cour. Le vicomte d'Orthez, commandant de Bayonne, écrivit cette réponse :

"Sire, j'ai communiqué les ordres de Votre Majesté aux officiers et soldats de la garnison ; j'ai trouvé de bons Français affectionnés à votre service, mais pas un bourreau."

.   .   .   .

PAGES D'HISTOIRE

Après Charles IX, le roi Henri III monta sur le trône. Sa faiblesse souleva contre lui les Huguenots, aussi bien que les Catholiques qui formèrent la Sainte-Ligue. La mort du frère d'Henri III ouvrit la question de la succession au trône. Le roi de Navarre, l'héritier légitime, était Huguenot, c'est pourquoi les Catholiques le repoussaient comme hérétique. Henri de Béarn défendit ses droits, les armes à la main.

En 1589, Henri III périt assassiné.

Le roi de Navarre devenait roi de France, mais la Ligue ne voulut point le reconnaître, et il dut conquérir son royaume. Il mit le siège devant Paris, puis, pour avancer les choses, il abjura la religion protestante et entra enfin dans sa bonne ville.

Henri IV rappela par ses qualités et sa justice, Louis XII et Saint-Louis dont le peuple se souvenait toujours.

La Saint Barthélemy.—Mort de l'Amiral Coligny.

LE MARIAGE D'HENRI IV AVEC MARIE DE MÉDICIS

Les événements se succédaient rapidement. Le roi de Navarre était reconnu roi de France, et les Bourbons avaient remplacé les Valois. Pour consolider ce règne, les conseillers d'Henri IV pensèrent à le remarier. Cependant, le bon roi était perplexe :

"Nous allons vous marier, Sire," lui dit un jour Sully. Henri se promena un quart d'heure, rêvant, se grattant la tête et se curant les ongles sans rien répondre :

"Eh bien, soit, puisque pour le bien de mon royaume et de mes peuples, vous dites qu'il faut être marié, il le faut." Dans d'autres moments, cette question importante, il se la posait à lui-même et exprimait à Sully ses pensées avec le bon-sens et la finesse qui distingue la lettre suivante :

"Si l'on obtenait les femmes par souhait, afin de ne point me repentir d'un si hasardeux marché, je demanderais dans celle que j'épouserais sept conditions principales : qu'elle fût belle, sage, douce, spirituelle, féconde, riche et d'extraction royale. Mais je crois, mon ami, que cette femme est morte, voire peut-être n'est pas encore née ni prête à naître, et, partant, voyons un peu ensemble, quelles filles ou femmes dont nous avons ouï parler, seraient à désirer pour moi, soit dehors, soit dedans le royaume ; et pour ce que j'y ai déjà, selon mon avis, plus pensé que vous, je vous dirai pour le dehors, que l'infante d'Espagne, quelque vieille et laide qu'elle puisse être, me conviendrait, pourvu qu'avec elle j'épousasse aussi les Pays-Bas. Je ne refuserais pas non plus la Princesse rebelle d'Angleterre, si elle en avait été déclarée présomptive héritière ; mais il ne faut s'attendre ni à l'une à l'autre. . .

PAGES D'HISTOIRE

" L'on m'a aussi quelquefois parlé de certaines princesses d'Allemagne, desquelles je n'ai pas retenu le nom ; mais les femmes de cette région ne me reviennent nullement, et je penserais si j'en avais épousé une, d'avoir toujours un pot de vin auprès de moi ; outre que j'ai ouï dire qu'il y eut autrefois une reine de France [1] de cette nation qui la pensa ruiner tellement que cela me dégoûte. L'on m'a parlé aussi de quelques-unes des sœurs du Prince Maurice ; mais outre qu'elles sont Huguenotes et que cette alliance me pourrait mettre en soupçon à Rome et parmi les zélés Catholiques, qu'elles sont filles d'une nonnain, quelque autre chose que je vous dirai une autre fois m'en aliène la volonté.

" Le duc de Florence a aussi une nièce [2] que l'on dit être assez belle ; mais étant de l'une des moindres maisons de la chrétienté qui porte le titre de prince, n'y ayant pas plus de soixante ou quatre-vingts ans que ses devanciers n'étaient qu'au rang des plus illustres bourgeois de cette ville, et de la même race de la reine-mère Catherine, qui a tant fait de maux à la France et encore plus à moi en particulier, j'appréhende cette alliance de crainte d'y rencontrer aussi mal que moi, les miens et l'Etat. Voilà toutes les étrangères dont j'estime avoir été parlé."

" Quant à celles de dedans, vous avez ma nièce de Guise, qui serait une de celles qui me plairait le plus, d'humeur fort douce et agréable, et complaisante conversation, et pour le surplus, de bonne maison, belle, de grande taille. . . . Il y a aussi deux filles dans la maison du Maine, dont l'aînée, quelque noire qu'elle soit, ne me déplairait pas, étant sage et bien nourrie, mais elles sont trop jeunettes ; deux en celle d'Aumale et trois en celle de Longueville, qui ne sont pas à mépriser pour leurs personnes ; mais d'autres raisons m'empêchent d'y penser. Voilà pour ce qu'il y a de princes.

" Vous avez après une fille en la maison de Luxembourg, une en la maison Guemenée, ma cousine Catherine de Rohan, mais celle-là est Huguenote et les autres ne me plaisent pas ;

---

[1] Isabeau de Bavière.   [2] Marie de Médicis qu'il épousa.

et puis la fille de ma cousine, la princesse de Conti, de la maison de Lucé, qui est une très-belle fille et bien nourrie. Aussi serait-ce celle qui me plairait le plus si elle était plus âgée ; mais quand elles m'agréeraient toutes, pour si peu que j'y reconnais, qui est-ce qui m'assurera que j'y trouverai conjointement les principales conditions que j'y désire et sans lesquelles je ne voudrais point de femme ? A savoir qu'elle me donnerait des fils, qu'elle serait d'humeur douce et complaisante, et d'esprit habile pour me soulager aux affaires, et pour bien régir mon état et mes enfants, s'il venait faute de moi avant qu'ils eussent âge, sens et jugement, comme apparemment cela est pour m'arriver me mariant si avant dans l'âge."

Cependant le choix du roi tomba sur Marie de Médicis, qui fit de Saint-Germain-en-Laye sa demeure favorite. La reine poussa son royal époux à ne point encourager seulement comme le voulait Sully, les industries de première nécessité : le labourage et le pâturage, mais, elle lui fit comprendre qu'il fallait de même restaurer les industries qui procurent le luxe aux riches. On fit venir des vers à soie, on planta des mûriers, on établit des magnaneries ; on fonda des manufactures de drap d'or et d'argent, et d'étoffes de soie à Paris, à Tours, à Lyon, à Nîmes. Le verre, le cristal, les glaces, les tapisseries de haute lisse, les tapis du Levant, les dentelles, les toiles fines furent travaillés comme la soie.

. . . .

PAGES D'HISTOIRE

Henri IV avait de vastes desseins politiques. Il voulait partager l'Europe selon la loi historique des nations. Il y aurait eu ainsi six royaumes héréditaires : La France, l'Espagne, l'Angleterre, la Suède, le Danemark et La Lombardie ; cinq royaumes électifs : La Pologne, la Hongrie, La Bohème, l'Empire d'Allemagne, les Etats de l'Eglise ; quatre républiques : Venise, Gènes unie à Florence, la Suisse, les Pays-Bas. Un *Conseil suprême* de députés de chaque état devait veiller à ce que la paix ne fut point rompue.

Henri IV est ainsi le précurseur des pacifistes, et le *Tribunal Arbitral de la Haye,* qui a déjà rendu des services, mais qui est appelé à en rendre de plus grands, est la réalisation du *Conseil suprême* imaginé par Henri IV.

Le bon roi, bien qu'il fût aimé du peuple, avait des ennemis. On conspirait contre lui. En 1610, au moment de faire couronner la reine Marie de Médicis, il pressentit sa mort prochaine, et dit à ceux qui l'entouraient :

" Vous ne le croyez pas, mais je mourrai un de ces jours, et quand je ne serai plus, vous saurez ce que je valais."

L'ASSASSINAT D'HENRI IV ET L'AVÈNEMENT DE LOUIS XIII (1610)

Par CLAUDE DE L'ESTOILE

LE vendredi 14 mai sur les quatre heures du soir, le roi étant dans son carosse sans gardes à l'entour, ayant avec lui Messieurs d'*Espernon*, de *Montbazon*, et quatre autres, passant devant St Innocent pour aller à l'Arsenal, comme son carosse, par l'embarrassement d'un coche, et d'une charette, eut été contraint de s'arrêter au coin de la rue de la Ferronerie vis-à-vis d'un Notaire nommé *Poutrain*, fut misérablement tué par François *Ravaillac*, natif d'Angoulême : ce désesperé épiait de longtemps l'occasion de faire ce malheureux coup, et n'était à *Paris* que pour cela, dont le roi averti de se donner de garde, n'en avait tenu compte : il était lors attentif à ouïr une lettre que M. d'*Espernon* lisait, et fut frappé dans le sein de deux coups l'un sur l'autre, dont le dernier porta droit au cœur, et lui ôta la vie : ce que voyant le duc d'*Espernon* le couvrit d'un manteau, et avec ceux de la compagnie, regarda à assurer le peuple du mieux qu'il pût, lui criant que le roi n'était que légèrement blessé, et qu'il prit courage, puis fit tourner bride droit au Louvre.

Cependant ce misérable assassin, ayant été incontinent après le coup, appréhendé, fut fouillé par *Baugé* un des archers du garde du corps, qui seulement lui trouva trois demi quarts d'écu et quelques instruments de sorcellerie, entre autres un cœur navré de trois coups, comme aussi on tient que son intention était d'en donner autant dans le cœur du roi. Il fut conduit à l'hôtel de *Retz* plus proche de là, dans la crainte que le peuple ne le déchirât, comme il aurait fait, s'il eut su que le roi était mort.

PAGES D'HISTOIRE

Interrogé qui l'avait induit à faire ce coup, dit Dieu ou le Diable, et ayant à l'instant demandé si le roi n'était pas mort, lui ayant été répondu que non, et qu'il se portait bien, *je ne sais quel bien porter*, va dire ce vilain, *si lui ai-je donné* un mauvais coup ; parlant ainsi résolument à un chacun, gaussant même les plus curieux, qui lui demandaient qui lui avait fait faire ce coup, *gardez,* leur disait-il, *qu'enfin je ne dise que c'est vous.*

A cinq heures du soir, Messieurs de la cour ayant eu avis certain de la mort du roi, se rassemblèrent aux Augustins, où le Parlement se tenait, et d'où ils venaient de sortir, et là, sur ce que le procureur-général remontra la nécessité de pourvoir aux affaires du roi régnant, et de son état, et requis que la reine-mère fut déclarée régente pendant le bas âge de son fils.

Cet arrêt précipité par la nécessité, dont Dieu veuille qu'on ne se repente point tout à loisir, ayant été divulgué entre le peuple encore incertain de la mort de son roi, causa un extrême étonnement et deuil ; les boutiques se fermèrent, chacun cria et se lamenta.

Ce qui est surprenant c'est que dans Paris, ville pleine de vagabonds, traîtres et ligueux, il n'y ait pas eu de sédition, sur laquelle, néanmoins, avait été bâti en partie ce misérable dessein.

N'est point merveilleux le zèle de toute cette généreuse noblesse de France, princes, seigneurs, et autres principaux officiers de la couronne, lesquels ayant vu ce jour le couchant du roi leur maître, vinrent aussitôt saluer l'orient de son fils, et mirent tel ordre, qu'ils firent résoudre le peuple à pleurer le roi défunt, et à obéir au roi vivant ; beaucoup de seigneurs divisés s'accordèrent et jurèrent unanimement fidélité au roi et à la reine, et vengeance de la mort du défunt envers tous et contre tous.

La nuit de cette triste journée, Sa Majesté ne pût jamais prendre aucun repos, et fut en continuelle inquiétude : le matin s'étant levé, dit qu'il n'avait pas dormi et qu'il était tout mal fait, sur quoi M. de Vendôme supplia Sa Majesté de

54

se vouloir bien garder, même ce jour, auquel on disait qu'il ne devait pas sortir, parce qu'il lui était fatal ; je vois bien lui répondit le roi, que vous avez consulté l'almanach et ouï parler de ce fou de la *Brosse* de mon cousin le comte de *Soissons*, c'est un vieux fou, et vous êtes encore bien jeune et guère sage.

Sa Majesté alla ensuite ouïr la messe aux Feuillants, où ce misérable le suivit en intention de le tuer, et a confessé depuis, que sans la survenue de M. de Vendôme qui l'empêcha, il eut fait son coup là dedans.

Fut remarqué que le roi avait beaucoup plus de dévotion que de coutume et plus longuement se recommanda à Dieu ce jour même ; la nuit qu'on pensait qu'il dormit il se mit sur son lit à prier Dieu à deux genoux, et dès qu'il fut levé, s'étant retiré pour cet effet dans son cabinet, pour ce qu'on voyait qu'il y demeurait plus longtemps qu'il n'avait accoutumé, fut interrompu, de quoi il se fâcha et dit "Ces gens-ci, empêcheront-ils toujours mon bien ? "

Après que Sa Majesté eut dîné, mais non si gaiement que de coutume, il dit, qu'il était tout étourdi de n'avoir pas dormy, et qu'il voulait essayer de reposer, et de fait s'étant mis au lit, après, qu'en vain il eut tâché de dormir, se mit derechef à prier Dieu : et incontinent après se leva fort gaiement et commanda qu'on lui apprêta son carosse ; étant près d'y monter, arriva M. *de Vitry*, qui lui demanda s'il plaisait pas à Sa Majesté qu'il l'accompagnait. "Non," lui répondit le roi, "allez seulement où je vous ai commandé, et m'en rapportez réponse." "Pour le moins, Sire," répliqua *Vitry*, "que je vous laisse mes gardes." "Non," dit le roi, "je ne veux ni de vous ni de vos gardes, je ne veux personne autour de moi." Entrant dans le carosse, et pensant, comme il est à présupposer, aux mauvaises prophéties de ce jour, qu'on lui avait voulu mettre en la tête, demanda à l'un des siens, le quantième du mois il était,—c'est le 13, Sire : non, dit un autre, c'est le 14. "Il est vrai," dit le roi, "tu sais mieux ton almanach, que ne sait pas l'autre," et se prenant à rire, "*entre le* 13 *et le* 14," dit-il, et sur ces mots fit aller le carosse

PAGES D'HISTOIRE

Je laisse ici les songes, qu'on dit que Sa Majesté et la reine aussi eurent cette nuit, d'une maison qui tombait sur lui dans la rue de la Ferronnerie, etc., parce que je ne sais pas ces particularités au vrai comme les autres, que j'ai ci-dessus écrites.

Il est bien certain, qu'il y a environ six mois, que le roi étant chez *Zamet*, et y ayant dîné se retira dans une chambre seul, disant vouloir reposer, et y manda *Thomassin*, qu'on tient un des plus célèbres astrologues de ce temps, et qu'on dit même d'avoir un diable ; et là, Sa Majesté, l'ayant interrogé de plusieurs choses concernant sa personne et son état, *Thomassin* lui dit qu'il avait à se garder du mois de mai 1610, jusqu'à lui désigner le jour et l'heure auxquels il devait être tué : mais le roi, se moquant de lui et de son astrologie, le prenant tantôt aux cheveux, et tantôt à la barbe, lui fit faire deux ou trois tours de chambre, et le renvoya de cette façon, en quoi il était louable, il l'aurait été encore plus de ne pas l'écouter du tout, et de bannir de sa cour et de son royaume de telles pestes.

Aussitôt que le corps de ce prince eut été apporté au Louvre, de toutes parts s'y fit une concurrence de toutes sortes de personnes, les uns pleurant vraiment, et les autres faisant semblant de pleurer. Le P. *Cotton* s'écria, hé qui est le méchant, qui a tué ce bon prince, ce saint roi, ce grand roi ?

M. de Sully, plus mort que vif, vint trouver la reine, qui lui fit bon accueil, le continua en toutes ses charges et le renvoya à l'Arsenal pour y exercer sa charge.

Messieurs de *Mayenne* et de *Guise* emportèrent ce jour l'honneur par dessus tous les autres princes et seigneurs d'avoir fidèlement en ce grand trouble assisté et servi le roi, la reine et l'état, et avoir librement représenté ce qui était du repos public.

A l'heure que le roi fut tué, la reine, étant dans le Louvre, s'y éleva un grand bruit, duquel Sa Majesté effrayée mit la tête à la fenêtre et demanda que c'était : le premier qu'elle advisa fut M. de *Souvré,* auquel elle demanda si son fils le duc

Henri IV., partant pour la guerre, confie la régence à Marie de Médicis.

L'ASSASSINAT D'HENRI IV

d'Orléans n'avait point quelque mal ou s'il n'était pas mort :
ledit seigneur de Souvré lui ayant fait réponse, il se porte
bien, mais le roi vient d'être blessé, elle se laissa aller aux
pleurs et dit qu'elle le voulait aller voir ; sur quoi M. le
Chancelier entra, tenant notre petit roi par la main et le
montrant à la reine, voilà le roi, Madame, vous n'en pouvez
plus voir ni avoir ni vous ni nous, d'autre que celui-là, au
surplus votre sagesse, et confiance doit suppléer à l'indicible
malheur qui vient d'arriver.

Celui qui ôta au roi mort la chemise fut *Bérard*, chirurgien, qui contre l'opinion des médecins et chirurgiens guérit
le roi à Monceaux, d'une carnosité qu'on avait tenue pour
incurable.

M. de Vicq, gouverneur de Calais, et grand serviteur
du roi, s'y étant trouvé, et fondant tout en larmes, pria
qu'on lui en donnât la chemise, laquelle toute sanglante il
mit dans ses chausses.

M. d'Orléans, frère du roi,[1] fut si fort touché de cette
perte, qu'il se voulut tuer, demanda un couteau pour ce
faire, criant qu'il ne voulait pas survivre son papa.

Voici une particularité très-notable sur l'assassinat
perpétré en la personne de notre bon roi, laquelle je mets ici,
quoique je ne l'aie appris que le 28 juillet. C'est le frère
Damel, *Augustin*, confesseur de Madame de *Nemours* et
prieur de *Montargis*, qui me l'a racontée dans le couvent des
Augustins, voici au vrai ce qu'il m'en a dit.

Le 15 octobre 1607, le lendemain de la foire qu'on tient
à Montargis, comme un de mes prêtres s'apprêtait à dire la
messe, il trouva sur l'autel une lettre liée avec du fil blanc,
l'inscription de laquelle portait au prieur de *Montargis*, me
l'ayant aussitôt apportée, je trouvai, sans reconnaître
l'écriture, que c'était un avis, que l'écrivain disait bien
certain d'un grand rousseau natif d'*Angoulême*, lequel avant
qu'il fut trois ans, devait tuer le roi d'un coup de couteau
dans le cœur, et lequel avec ses complices piquait tous les
jours pour cet effet une image de cire blanche au cœur. Me

---

[1] Frère du nouveau roi.

recommandait l'écrivain, que j'eusse à en tenir avertie Sa Majesté, ce qu'il ne pouvait, ajoutait-il, parce qu'il y allait de sa vie : la même lettre fut attachée ce jour à la porte du château, et était adressée à Madame des *Hayes*, femme du gouverneur pour lors absent : qui se trouva bien empêché ? ce fut moi, disait ce bon prieur, ne sachant le moyen que je devais tenir en la procédure de cet avertissement : finalement, m'étant transporté avec les principaux de la ville chez le lieutenant-général, il y fut trouvé bon d'envoyer par homme exprès lesdites lettres avec le procès-verbal, qu'on en avait fait à M. le Chancelier : ce qui fut fait, mais le Chancelier n'en tint pas autrement compte, s'étant contenté de louer notre bonne affection au service du roy, sans en avertir Sa Majesté, au moins qu'il soit venu à notre connaissance, car oncques puis on n'en ouït parler.

Un mois ou deux avant la mort du roi, coururent par toutes les chambres du Louvre, ces quatre vers qu'on disait de *Nostradamus :*

> Cinq décades et sept n'auront borné la course,
> Du grand Lion Celtic, qu'un jeune Léonceau,
> Avec la lionne ayant recours à l'ourse,
> Fuitif de son rival tranchera le fuseau.

On ne faisait nul compte de ces vers avant la mort du roi, mais la fortune advenue, on en fit une grande prophétie.

Le lendemain de la mort du roi, on trouva écrit en grosses lettres sur la porte de l'hôtel de *Sully*, valet à louer : et sur celle de la maison de Maupéou, maison à louer pour le terme de la Saint-Jean.

Dès que le roi d'Angleterre eut reçu cette malheureuse nouvelle, il envoya exprès un grand seigneur de là où il était à près de 50 lieues de Londres à M. l'Ambassadeur pour le consoler et lui dire, qu'il assurât son jeune maître et la reine sa mère, que suivant l'accord fait par M. de Vitry entre le roi son feu frère et lui, que le survivant se porterait pour père des enfants du décédé, il lui offrait tout son pouvoir sans aucune réservation.   La reine en abandonna de deuil son ballet, et le prince en pleura : le grand trésorier dit en pleine assemblée d'états, que l'Angleterre avait perdu son bras droit.

Ce même jour, 14 mai, le nouveau roi fut servi en roi à son souper. M. de *Souvré*, son gouverneur, le servit à genoux : de quoi ce petit prince étonné le regardant, riait et puis se prenait à pleurer, se souvenant de la mort de son père. " Je voudrais," disait-il après, "n'être point roi et que mon frère le fût plutôt, car j'ai peur qu'on me tue comme on a fait le roi mon père."

La reine envoya quérir tous les gardes et leur dit : " Je consigne entre vos mains la personne du roi mon fils, avisez à la bien garder et à n'en laisser approcher aucun que vous ne connaissiez bien et dont vous ne voulussiez répondre : si vous faites votre devoir, je ne serai pas ingrate de la peine que vous aurez prise ; aussi, au contraire, s'il en avenait faute, soyez assurés que je vous ferai tous pendre."

Ainsi se passa cette malheureuse journée : la nuit fut aussi tranquille que s'il ne fut rien advenu.

Le samedi, 15 mai, notre nouveau roi, âgé de huit ans, sept mois, dix-huit jours, vint avec la reine sa mère en la cour de parlement, qui se tenait aux Augustins, accompagné d'un grand nombre de princes, seigneurs, gentilshommes, et officiers de la couronne. Messieurs les présidents *Pottier* et *Forget*, M. *Jean le Voix*, *Prosper Bouïn*, et *Jean Scarron*, conseillers le furent recevoir à la porte du cloître sortant la rue, où le roi monté sur une petite haquenée blanche, mit pied à terre avec la reine sa mère voilée d'un crêpe noir, elle eut beaucoup de peine de passer jusqu'à la grande chambre pour la foule du peuple qui était en la cour ; tous les sept présidents y étaient et les conseillers au nombre de cent vingt-six : là, leurs Majestés ayant pris place, le roi séant en son lit de justice, par l'avis des princes et officiers, ouï, et requérant son procureur-général, déclara conformément à l'arrêt donné le jour de devant, la reine sa mère, régente pendant son bas âge.

PAGES D'HISTOIRE

En cette triste action, M. le premier président, les larmes aux yeux, se rendit admirable à bien dire : M. *Servin* aussi contenta fort : M. de *Guise* par dessus les autres princes et seigneurs, fit de solennelles protestations à la cour de sa sincère affection au bien de l'Etat et Couronne ; auquel M. le premier président fit une réponse digne de son rang, car après l'avoir remercié au nom de la cour, il le pria de se souvenir des ses promesses, pour ce qu'il en ferait charger les registres de la cour, afin qu'elle pût les lui ramentevoir en temps et lieu.

Après la levée de la cour, et le serment prêté par la reine, et que notre petit roi eut fait sa harangue, et le Chancelier après lui, Sa Majesté, bien accompagnée, fut conduite à Notre-Dame.

Ce jour même de l'ordonnance du lieutenant-criminel fut constitué prisonnier à Paris, un homme de moyens, pour avoir le jour de devant, lors que le roi fut tué, dit tout haut, que c'était un beau coup et belle dépêche. Parole vérifiée contre lui par bons témoins, qui ne méritait moins que le gibet : nonobstant laquelle, le lieutenant-criminel, par la prière et importunité des plus grands, fut contraint de le mettre dehors : on disait qu'il s'avouait de la maison de MM. le Connétable et d'*Espernon*, ce qui donna sujet de nouveaux discours à beaucoup.

En ce jour, *Ravaillac* fut tiré de l'hôtel d'*Espernon*, où on l'avait mis, et conduit en un carosse fermé aux prisons de la conciergerie : le peuple ayant ouï le bruit qu'il était dedans le carosse, jeta quelques pierres, et on eut peine de le contenir, s'il avait su au vrai que ce parricide était dans le carosse. On le mit en la tour carrée, où on a coutume de loger les grands seigneurs lorsqu'ils sont prisonniers.

Le dimanche, 16 mai, comme notre petit roi passait par la rue St. Honoré pour aller à la messe aux Feuillants, un gentilhomme se prenant à rire tout haut, " voilà un chaud roi," pour laquelle parole fut aussitôt saisi et mené prisonnier.

Ce jour, le Ministre du *Moulin* prêcha et fit pleurer toute l'assistance sur la mort du roi, lequel il loua fort.

L'ASSASSINAT D'HENRI IV

Le même jour prêché par les curés et docteurs catholiques en la plupart des églises de Paris ; chose merveilleuse, vu la malice et l'intention toute contraire de ceux, qui ont misérablement fait assassiner notre roi.

Le lundi 17, le comte de *Soissons*, fort accompagné, arriva à Paris, et fut tout aussitôt au Louvre baiser les mains au nouveau roi et la reine régente, laquelle lui fit un grand accueil, lui qui de son côté n'a jamais manqué de belles paroles, commence premièrement à détester le cruel assassinat commis en la personne du roi, lequel il protesta de venger : puis fit les protestations d'employer jusqu'à sa vie pour le salut de l'Etat et la manutention de son autorité à la conservation du roi son fils.

M. de *Sully* ne fut des derniers à rechercher les bonnes grâces de ce prince qu'il savait avoir offensé, si que pour faire sa paix, il alla incontinent trouver, et après plusieurs excuses et basses soumissions, qu'il a faites, vivant son maître : supplia son excellence de lui en vouloir pardonner la faute, qui n'était proprement sienne, mais du feu roi, par le commandement duquel il avait fait tout ce qu'il avait fait : de laquelle satisfaction le comte se contenta, ou fit semblant de se contenter, et l'ayant embrassé se dit son ami (comme devant) et *Sully* protesta être son serviteur (comme il avait toujours été).

Deux ou trois heures avant l'arrivée du comte, avait été arrêté dans l'antichambre de la reine, un gentilhomme, *François*, qui voyant les filles de la reine pleurer la mort du roi, s'en était moqué et leur avait dit, qu'elles gardassent hardiment leurs larmes à quand elles verraient d'autres, et qu'elles en auraient alors plus affaire qu'à cette heure-là ; ce que la reine conta au comte de Soissons.

Le jour même fut constitué prisonnier un méchant garnement de soldat nommé *St Martin*, qui avait été prêtre, et depuis de la Compagnie de St Mathieu, la veuve duquel le décela et le fit prendre pour les propos, qu'il lui avait tenus entre Paris et Charenton, où elle allait au prêche le dimanche de devant le vendredi auquel le Roi fut tué, qui étaient en somme, ainsi que j'ai l'appris d'elle-même, que devant qu'il fut huit jours il y aurait un grand esclandre à Paris et que bienheureux qui en serait dehors : puis l'ayant conduit jusqu'à l'entrée du temple, je ne veux ouïr votre prêche, dit-il en riant, mais bien voir la disposition de vos gardes, qui sont une multitude de pauvres arrangés en haie des deux côtés à l'entrée du temple : les ayant contemplés, voyez-vous pas dit-il, ces soldats mêlés parmi ces pauvres qui demandent l'aumône ? il n'y en a un seul que je ne connaisse de tous ces gens-là, ce sont voleurs et espions du roi d'Espagne. Entre les autres, lui montra un qui avait un faux bras, dont il faisait montre, cachant le sien naturel, et lui dit que c'était un des principaux espions d'Espagne, déterminés avec d'autres pour faire de mauvais coups, et surtout un habillé de vert, qu'il ne voyait pas là (qui était *Ravaillac*) et s'étonnait qu'il n'y était.

Le samedi, lendemain de l'assassinat, ce soldat étant venu à Paris vers elle en son logis, elle fut si étonnée qu'il l'eût pu trouver, qu'elle l'appela sorcier, lui continua les mêmes propos, lui parla derechef du soldat qui avait un faux bras, menaça de pis encore que ce qui était arrivé et la pria fort de quitter Paris ; la demoiselle craignant la conséquence du fait, fit par le conseil de ses amis, prendre prisonnier le soldat.

Les lâches procédures qu'on a tenues en la disquisition de ce fait tant important, auquel il semble qu'on craigne de trouver ce qu'on cherche, pourront bien être sans aucun effet.

Le Roi songeait cette nuit, qu'on le voulait assassiner ; si que, pour l'assurer, on fut contraint de le transporter chez la reine.

Le mardi 18, la cour assemblée, délibéra sur les formes qu'on devait tenir au procès de *Ravaillac* et sur les tortures où il était besoin de l'appliquer, pour le contraindre à déceler les fauteurs et complices, pour ce que de jour en jour il se rendait plus opiniâtre, ne faisant que se moquer des menaces et promesses qu'on lui faisait pour l'amener à quelque raison et reconnaissance, fut proposée la torture de *Genève*, qu'on nomme la *Barate* ou la *Beurrière,* si pressante et si cruelle, qu'on dit qu'il n'y a jamais eu criminel, à qui on l'ait donnée, qui n'ait été contraint de parler : les plus sages et les meilleurs l'approuvèrent, d'autres remonstrèrent que c'était chose inaudite d'avoir recours à des tortures étrangères et qu'on avait en France d'aussi bons instruments qu'en d'autres pays pour extorquer la vérité : d'autres qu'on peut appeler oisons cornus, dirent que quand l'invention en eut été la meilleure du monde, toutefois que venant de la part des hérétiques, on ne pouvait chrétiennement s'en servir, ainsi la plupart de nos conseillers, ayant opiné pour la douceur, l'emportèrent ce jour par dessus les autres.

Ce jour, M. le *Grand* dit au comte du *Lude* en la chambre du roi, où étaient plusieurs seigneurs et gentilshommes, qu'outre les bienfaits qu'il avait reçus et recevait ordinairement du feu roi, il lui disait de si bonnes et si belles paroles, que quand il n'en eut eu autre chose, elles étaient suffisantes pour le contenter. Le comte du *Lude* lui répartit, si les belles paroles vous le font tant regretter, vous avez M. le comte de *Soissons* son lieutenant, qui vous contentera prou de ce côté-là, si que vous recouvrez ce que vous avez perdu.

Le mercredi, 19 mai, Ravaillac fut interrogé par le premier président, qui ne pouvait rien tirer de lui, s'avisa de lui dire, que la cour avait depêché en toute diligence à *Angoulême* pour amener prisonniers à Paris son père et sa mère et ses parents, et que la cour, s'il ne voulait rien dire autre chose, s'était résolu de faire mourir cruellement en sa présence, son père et sa mère ; chose, dit le premier président, autorisée par les lois divines et humaines en un crime tant énorme que le sien ; à quoi ce misérable répondit en niant que cela eut été jamais pratiqué ni approuvé ; cependant on le vit fort troublé de cette proposition, sans toutefois confesser quelque chose plus qu'auparavant.

Le père d'*Aubigny,* qui avait confessé *Ravaillac,* fut interrogé particulièrement par le premier président sur le secret de la confession, mais il n'en pût tirer autre chose, si non que Dieu, qui avait donné aux uns le don des langues et aux autres le don de prophétie, révélation, etc., lui avait donné le don d'oubliance des confessions : au surplus ajouta-t-il, nous sommes religieux qui ne savons que c'est que le monde, qui ne nous mêlons et n'entendons rien aux affaires d'icelui. Je trouve, au contraire, réplique le premier président, que vous en savez assez et ne vous en mêlez que trop ; et si vous n'en eussiez pas été plus que vous dites, tout se fut bien mieux passé.

Beaucoup de personnes de toutes qualités allaient voir *Ravaillac*, et la plupart par curiosité : laquelle liberté donnée indifféremment à tout le monde, ne plût guère aux gens de bien.

Le P. *Cotton* y alla et lui dit, regardez bien à ne pas mettre en peine les gens de bien, puis lui voulut persuader qu'il était Huguenot, disant qu'un bon Catholique n'eut jamais perpétré un si méchant acte : mais *Ravaillac* se moqua de lui comme il faisait ordinairement des autres, qui venaient l'arraisonner là-dessus ; vous seriez bien étonnés, leur disait-il, si je soutenais, que ce fut vous qui me l'auriez fait faire : il ne tint pas ce langage au P. *Cotton*, car beaucoup l'eussent pris à bon escient.

Le vendredi 21 mai, le Parlement qui se tenait aux Augustins, retourna au Palais.

Le samedi 22, la plupart des portes furent fermées jusqu'à dix heures du matin à l'occasion d'un homme qu'on cherchait, qui devait tuer le roi et la reine : il ne fut pas trouvé.

Le dimanche 23 mai, le P. *Portugais Cordelier*, avec quelques curés de Paris, entre autres ceux de Saint-Barthelémy, et de St. Paul, en paroles ouvertes et toutefois intelligibles, taxèrent les *Jésuites* comme complices de l'assassinat du feu roi, les arguant par leurs propres écrits et livres, nommè-ment ceux de *Mariana* et de *Becanus*.

Le jeudi 27 mai, fut prononcé et exécuté l'arrêt du Parlement contre *Ravaillac :* il fut amené à dix heures du matin dans la chambre de la Buvette, où le greffier lui lut son arrêt, suivant lequel pour révélation des complices, il fut appliqué à la question des brodequins, où il ne confessa

66

rien : seulement pria le roi, la reine, la cour, et tout le monde de vouloir lui pardonner, reconnaissant comme il avait fait à la cour, avoir commis une grande faute et déclarant qu'autre que lui n'avait fait le coup, et qu'il n'y avait été induit par personne, combien qu'il ne douta point, qu'il n'y en eut prou, qui en fussent bien aise.

Sur les trois heures, on le tira de la chapelle pour le mener au supplice : depuis la chapelle jusqu'à la porte de la Conciergerie, il y eut une grande huée des prisonniers, qui se mirent à crier, au chien, au traître, et se seraient rués sur lui sans l'empêchement des archers ; sortant de la Conciergerie pour monter au tombereau il se trouva un si grand concours de peuple cruellement animé contre ce parricide, que les gardes et archers, quoiqu'en grand nombre, eurent bien de la peine à le sauver de la fureur, chacun voulant y mettre la main, avec tel tumulte, tels hurlements, et malédictions, qu'on ne s'entendait point : si que tous ces gens armés ne purent garantir ce méchant de force gourmades et horions, ni même des ongles et dents de quelques femmes.

La plus grande part des princes et seigneurs étant lors à Paris, se trouva en l'hôtel de ville pour voir l'exécution.

Finalement, cet assassin étant parvenu au lieu du supplice, se voyant prêt d'être démembré, et qu'un certain homme, qui était près de l'échafaud, était descendu de son cheval pour le mettre en la place d'un qui était recru, afin de le mieux tirer ; on m'a bien trompé, va-t-il dire, quand on m'a voulu persuader que le coup, que je ferais, serait bien reçu du peuple, puisqu'il fournit lui même les chevaux pour me déchirer. Et ayant fait demander au peuple un *Salve Regina*, qui lui fut refusé, le peuple criant, il ne lui en faut point, il est damné comme *Judas* ; et se retourna vers son confesseur et le pria de lui donner l'absolution, pour ce qu'il n'en pouvait plus : ce que le confesseur lui ayant refusé, disant que cela leur était défendu pour le crime de lèse-majesté au premier chef, tel qu'était le sien, s'il ne voulait révéler ses complices : donnez-la moi, dit *Ravaillac*, à condition qu'au cas que ce que je vous ai protesté n'avoir de complices, soit vrai, je le veux, répondit le confesseur, à cette condition voirement et qu'au cas qu'il ne soit ainsi, votre âme, au sortir de cette vie, s'en va droit à tous les diables. Je l'accepte et la reçois, dit *Ravaillac*, à cette condition ; et ce fut la dernière parole qu'il dit à MM. de *Fillesac* et *Gamache*, tous deux hommes de bien, et de plus suffisant de la Sorbonne.

Ainsi mourut *Ravaillac*, homme de moyenne taille, bien fourni de membres, la couleur du visage et du poil tirant sur le roux noir : il expira à la seconde ou troisième tirade, car il n'en pouvait presque plus, quand on l'y appliqua. Aussitôt qu'il fût mort, le bourreau l'ayant démembré, voulut en jeter les quartiers au feu : mais le peuple se ruant impétueusement dessus, il n'y eut fils de bonne mère qui ne voulut avoir la pièce, jusqu'aux enfants, qui en firent du feu aux coins des rues : quelques villageois même ayant trouvé moyen d'en avoir quelques lopins, les brûlèrent dans leur village.

Le samedi 29 mai, fut pris prisonnier près du Temple, à Paris, un grand vaunéant de Maçon, auquel, accusé d'avoir médit plusieurs fois du feu roi, de cettui-ci et de la reine, furent trouvées des lettres avec un grand couteau de la forme de celui de *Ravaillac*, sur lequel on lisait ces mots graves, *je le ferai à mon tour*, il fut pris par le Commissaire *Cointereau*.

Le jour de devant un semblable garnement ayant loué tout haut *Ravaillac*, dénigré publiquement le feu roi, et dit que c'était une belle dépêche, fut pris et amené à Paris : les informations, comme celles de Maçon, furent mises par devers M. de Chancelier, et sont demeurées au sac : on n'a depuis ouï parler ni de l'un de l'autre pour en faire justice.

.   .   .   .

LOUIS XIII

Après la régence de Marie de Médicis, Louis **XIII** prit comme ministre le cardinal de Richelieu, qui rendit au gouvernement toute sa puissance. Richelieu, peut être encore aujourd'hui considéré comme le plus grand ministre que la France ait possédé. Il sut faire respecter l'autorité royale à l'intérieur, en soumettant les Protestants qui tentaient de former un état dans l'état. Il se souciait aussi des intérêts de la France au dehors où il abaissa la maison d'Autriche.

Il diminua encore la puissance de la noblesse et se montra protecteur avisé des arts et des lettres. Il mourut en 1642.

Le roi Louis XIII eut un tempérament faible et timide mais pénétrant. Il se rendait compte de sa médiocrité politique et faisait passer l'intérêt du gouvernement avant tout. C'est ainsi que n'aimant pas Richelieu, il le soutint toujours fermement. Il se reposait entièrement sur lui pour tout ce qui concernait les affaires du pays. Le roi lui-même aimait, par dessus tout, la chasse, exercice dans lequel il excellait.

Louis XIII mourut en 1643, l'année après celle où était mort Richelieu et la même où le jeune duc d'Enghien remporta la victoire de Rocroy. Dans les premières années de la régence de la reine Anne d'Autriche, les victoires de Turenne et de Condé amenèrent la paix de Westphalie qui faisait de la France l'arbitre de l'Europe.

Cependant, à l'intérieur, tout n'allait pas aussi bien qu'à l'extérieur. Le nouveau ministre, le Cardinal Mazarin, provoqua par ses impôts le mécontentement de la nation.

LA FRONDE (1649–1652)

L'HUMEUR moqueuse du peuple français appela *la Fronde* une guerre civile qui eut lieu sous la minorité de Louis XIV pendant que la France était gouvernée par le cardinal italien Mazarin.

Ce ministre avait frappé la noblesse dans sa puissance par la création des intendants. La bourgeoisie était écrasée par le poids des impôts, et le Parlement ambitionnait de jouer un rôle politique. Voilà les causes de la *Fronde*, qui mérita son nom, parce que par bien des côtés cette guerre civile fut une comédie, une sorte de jeu dangereux comme celui dont elle portait le nom.

La Fronde se passa en partie en chansons contre le cardinal. Voici le couplet le plus célèbre de toutes ces Mazarinades qui couraient alors Paris et la province :

> Un vent de Fronde
> A soufflé ce matin,
> Je crois qu'il gronde
> Contre le Mazarin.

La reine-mère, Anne d'Autriche, et Mazarin ne voulaient céder ni aux nobles ni au Parlement. Quant à la bourgeoisie, le Ministre ne la craignait point. Elle devait payer des impôts, et les Mazarinades que l'on chantait contre Mazarin, le rassuraient.

Il demandait à quelqu'un ce qu'on disait dans Paris :

" On répand," lui répondit-on, "des couplets atroces contre votre Eminence."

" Tant mieux," reprit le cardinal, dans son français mêlé d'italien, " *s'ils cantent des cansonettes,* ils payeront."

Il faut ajouter que Mazarin était un grand ministre, et

70

que lorsque la France était le plus soulevée contre lui, ce ministre lui acquérait la province d'Alsace, que nous pleurons aujourd'hui.

Quoiqu'il en soit, la noblesse, le Parlement, la bourgeoisie se mirent contre la royauté et le gouvernement. Le prince de Condé commandait les rebelles et Turenne était resté fidèle. Puis, le Parlement se rallia à la royauté.

Comme les nobles frondaient toujours, Anne d'Autriche, pour enlever tout prétexte à la guerre civile, fit proclamer la majorité de Louis XIV, alors âgé de quatorze ans (17 septembre 1651). Mais rien n'y fit. Il fallut en venir aux mains. Les armées de Condé et de Turenne marchèrent sur Paris et se livrèrent une bataille acharnée au faubourg Saint-Antoine.

Condé rebelle faisait des prodiges de bravoure.

" Je n'ai pas vu un Condé," disait Turenne, " j'en ai vu douze."

Les grandes dames prirent part à la bataille, et l'une des frondeuses les plus acharnées, la grande Mademoiselle, empêcha la victoire de Turenne, en aidant elle-même à faire tirer sur les troupes royales le canon de la Bastille. On était en juillet 1652.

Mais cette victoire ne profita pas aux rebelles, et la cour rentra à Paris en octobre.

Il faut ajouter que la Fronde, qui fut pour les nobles une distraction, " une guerre pour rire " selon l'expression d'un écrivain contemporain, fut pour le peuple une calamité.

Elle acheva de ruiner les provinces qu'avaient déjà ravagées la guerre de Trente ans et la guerre espagnole. La Franche-Comté, la Lorraine, la Picardie avaient perdu presque la moitié de leur population. Les environs de Paris s'étaient changés en un désert. Les bandes de Condé étaient sans pitié pour la misère populaire. Un grand artiste lorrain, Jacques Callot, a laissé dans sa célèbre suite d'estampes, *Les Misères de la Guerre,* des fidèles images des malheurs de son temps.

La charité montra alors sa face secourable. Saint-

PAGES D'HISTOIRE

Vincent-de-Paul parut, dont le nom symbolise encore la pitié. Il fonda l'hospice des *enfants trouvés*, l'hospice des *vieillards*, organisa l'assistance publique et mérita des pauvres reconnaissants le surnom : " d'intendant de la Providence."

.   .   .   .

Le Cardinal Mazarin mourut en 1661, laissant la France plus grande de l'Artois, de l'Alsace, du Roussillon. Le règne personnel de Louis XIV commença la même année. Ce fut la monarchie absolue. Dans une phrase lapidaire : " L'Etat, c'est moi," le nouveau roi résumait sa conception du pouvoir royal. Jamais la cour ne fut plus brillante que sous Louis XIV. La gloire de la France était à son apogée. Elle était rehaussée par l'éclat dont brillaient les lettres et les arts. Corneille, Racine, Boileau, Molière, Bossuet, Pascal, La Fontaine fixaient la langue française et la dotaient de ses chefs-d'œuvre. Louis XIV que l'on appelle le Roi Soleil, protégea encore les arts, fit bâtir des palais dont celui de Versailles fut le plus somptueux.

LOUIS XIV ET LE CHÂTEAU DE VERSAILLES

Versailles n'était qu'un village chétif qui commença à avoir quelque importance en 1627, époque où Louis XIII y fit bâtir un petit château, qui servait de rendez-vous de chasse.

La position parut agréable à Louis XIV qui n'aimait pas le château de Saint-Germain-en-Laye où il avait passé les plus mauvaises heures de son enfance, au temps de la Fronde.

Il rêva de se faire construire un château magnifique, et sa résolution s'affermit après qu'il eût assisté à la représentation des *Visionnaires* de Desmarets de Saint-Sorlin, où il y a une longue description d'un palais magnifique, mais imaginaire. Le roi Louis voulut donner à ce palais poétique une réalité ; et il choisit Versailles pour en faire le lieu ordinaire de sa résidence.

Il appela les artistes les plus célèbres, parmi lesquels l'architecte Mansart, et en peu de temps, le petit pavillon de Louis XIII était transformé en un palais immense où fut réuni tout ce que l'art, joint à la magnificence, pouvait produire de plus séduisant. Le séjour de la cour ne tarda pas à attirer dans le lieu, une multitude de seigneurs, qui à l'envi les uns des autres, y firent construire des demeures somptueuses, ce qui fit qu'au bout de quelques années, Versailles se trouva bâti comme par enchantement.

Le palais de Versailles, quoique déchu de son ancienne splendeur, est encore aujourd'hui le plus beau palais du monde. Son nom est synonyme de luxe, le renom de ses jardins dessinés par Le Nôtre, a passé dans le monde entier.

PAGES D'HISTOIRE

Il évoque le souvenir sublime du Roi Soleil, qui vivait là tout rayonnant d'une gloire dont la France n'a pas encore oublié le souvenir.

La majesté du trône était alors immense, et on ne verra plus jamais un spectacle aussi grandiose que celui du roi descendant suivi de sa cour, à pas comptés, la main appuyée sur sa longue canne, le grand escalier de Versailles.

Louis XIV tenait une cour magnifique où se succédaient les fêtes, les carrousels, les spectacles, les ballets où le roi lui-même daignait danser.

Paris, en souvenir de ses victoires lui élevait les arcs de triomphe que l'on appele aujourd'hui la porte Saint-Denis et la porte Saint-Martin.

Il était véritablement le Roi Soleil, c'est-à-dire, un être que ses sujets regardaient comme supérieur aux autres hommes. Un jour, sur la Place des Victoires, le duc de la Feuillade, à la tête du régiment des gardes, se prosterna devant la statue équestre du roi comme devant une divinité.

LE DERNIER FOU DU ROI DE FRANCE

Le dernier fou d'office qui ait touché pension du roi, en cette qualité, fut l'Angely ; nous ne connaîtrions peut-être pas ce nom, si Boileau n'en eût fait une rime dans sa première satire. Brossette, dans ses notes sur cette satire, et le *Ménagiana*, ont rassemblé quelques traits de l'Angely, inférieurs à ceux qu'on attribue aux *beaux-esprits* de ce temps-là :

L'Angely était un valet d'écurie du prince de Condé ; qui l'emmenait avec lui à l'armée, et qui s'amusait, entre deux victoires, des boutades ingénieuses et caustiques de ce plaisant.

Après les campagnes de Flandre, le prince de Condé revint à la cour en 1660 : l'Angely l'accompagnait. L'Angely s'était rendu célèbre par ses épigrammes, qui sans doute n'épargnaient pas les partisans de Mazarin ; le jeune roi Louis XIV voulut voir l'Angely, et, charmé de la malice que celui-ci mit dans ses réponses, il pria le prince de Condé de céder son bouffon à la couronne de France. L'Angely devient donc fou en titre d'office, deux ans avant que le titre de *nain du roi* fût supprimé, à la mort de Balthazer Pinson. Il assistait au dîner du roi, et se tenait derrière le fauteuil de Louis XIV, comme dans une forteresse inexpugnable, d'où il lançait impunément la moquerie à pleines mains sur les assistants.

"J'étais un jour," dit Ménage, "au dîner du roi, où était aussi l'Angely, à qui je ne voulus point parler, afin qu'il ne dît rien de moi."

Tout le monde le craignait, tant sa langue était piquante et envenimée ; Bautru surtout, qui se posait en rival devant le fou d'office, servait de but continuel aux railleries de cet adversaire, qu'il *n'aimait pas*, et qu'il ne pouvait réduire au silence.

“ Un jour, raconte le *Ménagiana*, l'Angely était dans une compagnie où il y avait déjà quelque temps qu'il faisait le fou. M. de Bautru vint à entrer ; sitôt que l'Angely l'eut aperçu, il lui dit :

“ Vous venez bien à propos, Monsieur, pour me seconder ; je me lassais d'être seul.”

Cette saillie causa un vif dépit à Bautru, qui y fut pourtant moins sensible que son frère, le comte de Nogent, l'avait été à une interprétation de l'Angely en présence du roi :

“ Couvrons-nous, Monsieur, cela est sans conséquence pour nous ? ”

Ménage assure que Nogent *en eut un tel chagrin, que cela ne contribua pas peu à le faire mourir.*

L'Angely ne tarda pas à s'amasser du bien, grâce aux présents qu'il recevait des personnes qui riaient des ses bouffonneries ou qui achetaient son amitié :

“ De tous nous autres fous qui avons suivi le parti de M. le prince,” disait Marigny, “ un des bouffons du cardinal de Retz, il n'y a que l'Angely qui ait fait fortune.”

En effet, lorsqu'il fut en faveur, ses parents, qui étaient nobles et pauvres, le reconnurent, et il se fit *réhabiliter*. On ne sait à quelle époque il mourut, ou du moins déposa son sceptre de fou du roi. Boileau, dans sa satire des *Adieux à Paris*, composée vers 1661, enviait presque le *sort de l'Angely, auquel ne parviendraient jamais l'esprit le plus beau, l'auteur le plus poli.*

Les flatteurs de cour avaient usurpé la place des fous d'office, qui n'eussent pas osé faire la grimace au soleil de Louis XIV ; les grands seigneurs, tels que le duc de Roquelaure et le comte de Bussy-Rabutin, qui se hasardèrent à railler la gloire du roi, furent envoyés en exil ou enfermés à la Bastille ; on n'entendit plus les grelots de la marotte se mêler aux cantates triomphales de Quinault et de Lully ; mais cependant les bouffons, que le roi chassait de sa présence, trouvaient une retraite auprès des princes : le duc d'Orléans,

LE DERNIER FOU DU ROI DE FRANCE

frère de Louis XIV, avait dans sa maison la vieille Hébert, qu'on nommait la *Folle de Monsieur* ; Monseigneur, fils de Louis XIV, avait Maranzac, écuyer d'écurie qui fut un véritable fou en titre d'office.

. . . .

La gloire militaire au règne de Louis XIV fut immense. Louvois organisa l'armée, rétablit la discipline ; Vauban, inventa un nouveau système de fortifications. Il combattit les Hollandais qui, voyant leur pays envahi, ouvrirent les écluses, inondant leurs territoires. Louis XIV dût reculer. Les autres puissances se coalisent avec la Hollande contre la France, et c'est en défendant l'Alsace que mourut héroïquement un des plus grands capitaines français, le maréchal de Turenne, qui partage avec Condé, la gloire militaire de cette grande et magnifique époque. Ajoutons que Louis XIV fit enterrer Turenne à Saint-Denis, parmi les tombes royales, comme le connétable Du Guesclin.

LA MORT DE TURENNE (1675)

Par MADAME DE SÉVIGNE[1]

Je pense toujours, ma fille, à l'étonnement et à la douleur que vous aurez de la mort de M. de Turenne. Le cardinal de Bouillon est inconsolable ; il apprit cette nouvelle par un gentilhomme de M. de Louvigny, qui voulut être le premier à lui faire son compliment. Il arrêta son carosse comme il revenait de Pontoise à Versailles : le cardinal ne comprit rien à ce discours. Comme le gentilhomme s'aperçut de son ignorance, il s'enfuit ; le cardinal fit courir après, et sut ainsi cette terrible mort. Il s'évanouit ; on le ramena à Pontoise, où il a été deux jours sans manger, dans des pleurs et dans des cris continuels.

Madame de Guénégaud et Cavoye l'ont été voir ; ils ne sont pas moins affligés que lui. Je viens de lui écrire un billet qui m'a paru bon : je lui dis par avance votre affliction, et par l'intérêt que vous prenez à ce qui le touche, et par l'admiration que vous aviez pour le héros. N'oubliez pas de lui écrire ; il me paraît que vous écrivez très-bien sur toutes sortes de sujets : pour celui-ci il n'y a qu'à laisser aller la plume.

On paraît fort touché à Paris de cette grande mort. Nous attendons avec transissement le courrier d'Allemagne ; Montecuculli, qui s'en allait, sera bien revenu sur ses pas, et prétendra bien profiter de cette conjoncture. On dit que les soldats faisaient des cris qui s'entendaient à deux lieues : nulle considération ne les pouvait retenir. Ils criaient qu'on les ramenât au combat, qu'ils voulaient venger la mort de leur père, de leur général, de leur protecteur, de leur défenseur ; qu'avec lui ils ne craignaient rien, mais qu'ils

[1] Lettres à sa fille, Madame de Grignan.

vengeraient bien sa mort ; qu'on les laissât faire, qu'ils étaient furieux, et qu'on les menât au combat. Ceci est d'un gentilhomme qui était à M. de Turenne et qui est venu parler au roi ; il a toujours été baigné de larmes en racontant ce que je vous dis et les détails de la mort de son maître.

M. de Turenne reçut le coup au travers du corps ; vous pouvez penser s'il tomba de cheval et s'il mourut. Cependant le reste des esprits fit qu'il traîna la longueur d'un pas, et même qu'il serra la main par convulsion ; et puis on jeta un manteau sur son corps. Ce Boisguyot (c'est le gentilhomme) ne le quitta point qu'il ne l'eût porté sans bruit dans la plus prochaine maison. M. de Lorges était à près d'une demi-lieue de là. Jugez de son désespoir ; c'est lui qui perd tout, et qui demeure chargé de l'armée et de tous les évènements jusqu'à l'arrivée de M. le prince, qui a vingt-deux jours de marche. Tous ceux qu'aimait M. de Turenne sont fort à plaindre.

Ecoutez, je vous prie, une chose qui est à mon sens fort belle : il me semble que je lis l'histoire romaine. Saint-Hilaire, lieutenant-général de l'artillerie, fit donc arrêter M. de Turenne qui avait toujours galopé, pour lui faire voir une batterie ; c'était comme s'il eût dit : Monsieur, arrêtez-vous un peu, car c'est ici que vous devez être tué. Le coup de canon vient donc et emporte le bras de Saint-Hilaire, qui montrait cette batterie, et tue M. de Turenne. Le fils de Saint-Hilaire se jette à son père, et se met à crier et à pleurer. " *Taisez-vous, mon enfant,* lui dit-il, *voyez,* en lui montrant M. de Turenne raide mort, *voilà ce qu'il faut pleurer éternellement, voilà ce qui est irréparable ;* " et sans faire nulle attention sur lui, se met à crier et à pleurer cette grande perte.

Madame d'Elbeuf, qui demeure pour quelques jours chez le cardinal de Bouillon, me pria hier de dîner avec eux deux, pour parler de leur affliction ; Madame de La Fayette y vint ; nous fîmes bien ce que nous avions résolu : les yeux ne nous séchèrent pas. Madame d'Elbeuf avait un portrait divinement bien fait de ce héros, dont tout le train était arrivé à onze heures. Tous ces pauvres gens étaient en larmes, et déjà tout habillés de deuil. Il vint trois gentilshommes, qui pensèrent mourir en voyant ce portrait : c'étaient des cris qui faisaient fendre le cœur ; ils ne pouvaient prononcer une parole ; ses valets de chambre, ses laquais, ses pages, ses trompettes, tout était fondu en larmes et faisaient fondre les autres. Le premier qui fut en état de parler, répondit à nos tristes questions : nous fîmes raconter sa mort. Il voulait se confesser, en se cachotant ; il avait donné ses ordres pour le soir, et devait communier le lendemain dimanche, qui était le jour qu'il croyait donner la bataille.

Il monta à cheval le samedi à deux heures, après avoir mangé, et comme il avait bien des gens avec lui, il les laissa tous à trente pas de la hauteur où il voulait aller, et dit au petit d'Elbeuf :

"Mon neveu, demeurez là ; vous ne faites que tourner autour de moi, vous me feriez reconnaître."

M. d'Hamilton, qui se trouvait près de l'endroit où il allait, lui dit :

"Monsieur, venez par ici ; on tire du côté où vous allez."

"Monsieur," lui dit-il, "vous avez raison ; je ne veux point du tout être tué aujourd'hui, cela sera le mieux du monde."

Il eut à peine tourné son cheval qu'il aperçut Saint-Hilaire, le chapeau à la main, qui lui dit :

"Monsieur, jetez les yeux sur cette batterie que je viens de faire placer là."

M. de Turenne revint, et dans l'instant, sans être arrêté, il eut le bras et le corps fracassé du même coup qui emporta le bras et la main qui tenaient le chapeau de Saint-Hilaire. Ce gentilhomme, qui le regardait toujours, ne le voit pas tomber ; le cheval l'emporte où il avait laissé le petit Elbeuf ! Il n'était point encore tombé, mais il était penché le nez sur l'arçon. Dans ce moment le cheval s'arrête, le héros tombe entre les bras de ses gens : il ouvre deux fois de grands yeux et la bouche, et demeure tranquille pour jamais : songez qu'il était mort, et qu'il avait une partie du cœur emporté. On crie, on pleure : M. d'Hamilton fait cesser ce bruit, et ôter le petit Elbeuf, qui s'était jeté sur le corps, qui ne voulait

80

pas le quitter, et se pâmoit de crier. On couvre le corps d'un manteau, on le porte dans une haie ; on le garde à petit bruit, un carosse vient, on l'emporte dans sa tente. Ce fut là où M. de Lorges, M. de Roye et beaucoup d'autres pensèrent mourir de douleur ; mais il fallut se faire violence, et songer aux grandes affaires qu'on avait sur les bras. On lui a fait un service militaire dans le camp, où les larmes et les cris faisaient un véritable deuil : tous les officiers avaient pourtant des écharpes de crêpe ; tous les tambours en étaient couverts ; ils ne battaient qu'un coup ; les piques traînantes et les mousquets renversés. Mais ces cris de toute une armée ne se peuvent représenter sans que l'on en soit tout ému. Ses deux neveux étaient à cette pompe, dans l'état que vous pouvez penser. . . .

Quand ce corps a quitté son armée, ç'a été une autre désolation ; et, partout où il a passé, on n'entendait que des clameurs ; mais à Langres ils se sont surpassés : ils allaient au devant de lui en habits de deuil, au nombre de plus de deux cents, suivis du peuple ; tout le clergé en cérémonie. Il y eut un service solennel dans la ville, et, en un moment, ils se cotisèrent tous pour cette dépense, qui monta à cinq mille francs, parce qu'ils reconduisirent le corps jusqu'à la première ville, et voulurent défrayer tout le train. Que dites-vous de ces marques naturelles d'une affection fondée sur un mérite extraordinaire ? Il arrive à Saint-Denis ce soir ou demain ; tous ces gens l'allaient reprendre à deux lieues d'ici. Il sera dans une chapelle en dépôt ; on lui fera un service à Saint-Denis en attendant celui de Notre-Dame, qui sera solennel. Nous dinâmes comme vous pouvez penser ; et jusqu'à quatre heures nous ne fîmes que soupirer.

RÉVOCATION DE L'ÉDIT DE NANTES
(1685)

LES Protestants avaient obtenu la liberté religieuse. Richelieu les avait vaincus comme parti politique. Mazarin avait pratiqué avec eux la plus grande tolérance. Colbert, reconnaissant les services que leur activité industrielle et commerciale avait rendus au pays, les avait protégés.

Cependant, l'esprit autoritaire de Louis XIV rêvait de rétablir l'unité religieuse dans le royaume. Et il commença contre le Protestantisme une persécution systématique.

Le roi interdit aux Protestants de tenir leur synode national. Les nouveaux convertis furent déchargés des dettes qu'ils pouvaient avoir contractées envers leurs anciens coreligionnaires.

Sur les conseils de Louvois, on eût même recours à la violence. On envoya dans les Cévennes, les dragons, les célèbres *dragons de Villars*, que l'on appela des missionnaires bottés.

Enfin, le 22 octobre 1685, l'édit de Nantes par lequel le bon roi Henri IV avait accordé la liberté religieuse aux Protestants, fut révoqué. Les ministres protestants furent expulsés, leur culte fut interdit, leurs temples et leurs écoles furent détruits, etc., etc.

Les Protestants s'exilèrent ou se révoltèrent. L'émigration surtout prit des proportions considérables. Cinq cent mille Protestants quittèrent la France, emportant à l'étranger les secrets de nos industries et une grande partie de la richesse nationale.

Dans les Cévennes, la révolte eut l'importance d'une guerre et les révoltés furent appelés les Camisards. Ce n'est

82

qu'à grande peine que le maréchal de Villars et ses dragons parvinrent à réduire ces hommes énergiques commandés par un chef de valeur : Jean Cavalier, ancien garçon boulanger qui, passé au service de l'Angleterre, devint Major-Général et gouverneur de Jersey.

LA RÉVOLTE DES CAMISARDS

Par FLÉCHIER, ÉVÈQUE DE NÎMES[1]

Je suis persuadé, Monseigneur, qu'on vous écrit de plusieurs endroits l'histoire de nos fanatiques. Elle contient depuis quelque temps des évènements assez bizarres.

M. le maréchal de Villars est venu en cette province avec le dessein de terminer cette fâcheuse affaire, par négociation et par la douceur. Ces rebelles venaient d'être battus par M. le maréchal de Montrevel.

Les consistoires secrets ne voyaient plus de ressources dans leurs frères des provinces voisines. Les nouveaux convertis avaient fait entendre à la cour qu'ils étaient seuls capables de ramener ces gens là, que les troupes ne pouvaient et ne voulaient peut-être pas trouver.

On a négocié sur ces fondements avec Cavalier, chef de la principale troupe des bandits, très-accrédité parmi eux, et qui se croyait et se donnait lui-même le titre de commandant-général des religionnaires de Cévennes.

Cavalier a écouté, a prêché, a prophétisé, a proposé des conditions : liberté de conscience, délivrance de tous les prisonniers pour fait de religion, amnistie pour tous les crimes passés et permission de sortir du royaume ou de servir dans les armées.

Cela parut un peu insolent : on lui donna des meilleurs conseils et il écrivit qu'il voulait se soumettre sans aucune condition. Sur cela, promesses, amitiés à seigneur Cavalier ; entrevue de ce général fanatique avec M. le maréchal de Villars à la vue de tout Nîmes dans le jardin des Récollets ; trêve conclue, lieu d'assemblée désigné à Calvisson ; quinze jours donnés pour rassembler les troupes dont Cavalier se

---

[1] Lettre du 10 juin 1704, dont le destinataire est inconnu.

croyait le maître, et pour attendre les ordres du roi qui devaient les faire sortir.

Cependant, il y avait près de cinq cents hommes ; on leur fournissait des vivres en abondance ; tous les peuples d'alentour allaient voir leurs frères ; on prêchait, on chantait les psaumes ; il se supposait des miracles ; jamais tant de folies, qu'on supportait avec peine, mais avec quelque patience, dans l'espérance de voir finir tous nos malheurs par l'éloignement de ces scélérats. Le lendemain que la trêve fut conclue, Roland, chef de la troupe des fanatiques de Cévennes, défit un détachement de près de deux cents hommes du régiment de Tournon dans un défilé, où le pauvre Corbeville, lieutenant-colonel, qui le commandait, fut tué, et presque tout son monde. Cela enfla le cœur à Roland, qui crut être un aussi grand seigneur que Cavalier, et refusa d'entrer dans son accommodement, se disant général et vainqueur, et inspiré de Dieu plus d'un an avant lui. Cavalier partit de Calvisson avec ses gardes pour aller ramener Roland, tant par autorité que par beaux et bons passages de l'Écriture qu'il avait étudiés. Mais Roland prétendit que l'Eternel lui parlait aussi bien qu'aux autres, et qu'il ferait son traité à part.

Cavalier revint à son camp, où il trouva qu'en son absence quelques-uns de ses gens les plus scélérats avaient cabalé contre lui. Les uns crièrent liberté de conscience, les prophètes crièrent Cavalier traître. Il faillit être tué ; il se soutint pourtant avec ses plus affiliés. La troupe se retira et gagna les bois ; lui, suivit et manda à M. le maréchal de Villars qu'il allait ramener ces gens là, ou se faire tuer, ou qu'il viendrait lui apporter sa tête.

Ce maréchal et M. de Bâville se sont avancés à Anduse. De là on a négocié avec Roland. On l'a gagné, mais sa troupe s'est d'abord révoltée contre lui. On a cru pouvoir tomber dessus ; mais ils ont grimpé sur les montagnes et l'on n'a pu les trouver. On a environ six à huit cents hommes de la troupe de Cavalier qu'on envoie avec lui en Alsace. La conduite en sera assez difficile.

85

PAGES - D'HISTOIRE

La gloire de Louis XIV alla aussi sur mer. Les flottes françaises, commandées par Duquesne, remportèrent de grandes victoires dans la mer Méditerranée, où la flotte Hollandaise fut écrasée.

Tourville, Jean Bart, Duguay-Trouin s'illustrèrent et l'on a pu dire que la mer leur appartenait.

Jean Marteilhe, qui, fait prisonnier au moment où il voulait quitter la France plutôt que de changer de religion, rama sur les galères royales, nous a laissé dans ses mémoires la curieuse relation suivante d'un combat naval au temps de Louis XIV.

UN COMBAT NAVAL SOUS LE RÈGNE
DE LOUIS XIV

Par JEAN MARTEILHE

L'année 1708, au mois d'avril, nous réarmâmes et de toute
la campagne nous ne fîmes que courir sur les côtes d'Angleterre, sans aucune autre expédition que d'alarmer cette
côte pour y tenir troupes alertes ; mais aussitôt que quelque
gros navire garde-côte paraissait, nous nous sauvions au
plus vite sur les côtes de France, dans quelque port, rade ou
plage. Ce manège dura jusqu'au 5 septembre, jour que je
n'oublierai jamais par l'évènement que nous eûmes et dont
je porte les marques par trois grandes blessures que j'y reçus.

La reine d'Angleterre, parmi un grand nombre de navires
qu'elle envoya en mer de tous côtés, avait un vaisseau garde-
côte de 70 canons, qui était commandé par un papiste caché,
très-mal intentionné pour sa patrie. Ce capitaine se nommait Smit. N'étant d'aucune escadre, mais seul et en
liberté d'exécuter sa trahison, il fit voile à Gothenbourg, en
Suède. Là il vendit le navire : si ce fut au roi de Suède ou à
des particuliers, c'est ce que je ne sais pas. Quoi qu'il en
soit, il le vendit. Il reçut l'argent et, ayant congédié l'équipage, il fut en personne à la cour de France, offrir ses services
au roi contre l'Angleterre. Le roi le reçut fort bien et lui
promit que la première place de capitaine de haut bord qui
vaquerait, il en serait pourvu, mais qu'il lui conseillait en
attendant d'aller à Dunkerque servir en qualité de volontaire
sur la galère du chevalier de Langeron et qu'il ordonnerait
qu'il y fût honoré et respecté. Le capitaine Smit vit bien
que c'était un ordre tacite de Sa Majesté. Il y obéit et fut

reçu fort poliment du chevalier de Langeron, et entretenu à ses dépens.

Le capitaine Smit était de toutes les corvées que nous faisions aux côtes d'Angleterre. Il avait fort voulu que nous y fissions souvent descente, afin de s'y distinguer en y brûlant quelques villages, mais il était dangereux de s'y frotter. Il y avait tout le long des côtes des corps de garde, et, de distance en distance, des corps de troupes de terre que les gens de mer craignent comme le feu. Le capitaine Smit, brûlant de haine contre sa patrie, avait toujours la tête pleine de projets pour nuire aux Anglais. Il en envoya un, entre autre, à la cour, pour brûler et piller la petite ville de Harwich,[1] située à l'embouchure de la Tamise, moyennant que les six galères de Dunkerque fussent à ses ordres. Le roi approuva ce projet, et donna ordre à M. de Langeron, notre commandant, de suivre les ordres du capitaine Smit pour cette expédition et à l'Intendant de la Marine de lui fournir tout ce dont il aurait besoin. M. de Langeron, quoique avec répugnance de se voir contraint d'être aux ordres d'un étranger qui n'était revêtu d'aucun caractère, obéit en apparence de bonne grâce et dit à Smit qu'il n'avait qu'à ordonner les préparatifs et le départ des galères pour cette expédition. Smit fit embarquer tout ce qu'il demanda, comme matières combustibles, enfin tout ce qui était nécessaire pour mettre à sac la ville de Harwich, outre un renfort de soldats pour soutenir la descente.

Tout en étant préparé, un beau matin, 5 septembre, nous mîmes en mer, avec un temps à souhait pour les galères. Un petit vent de nord-est nous favorisa si bien qu'à petites voiles nous arrivâmes à l'embouchure de la Tamise, sans ramer, à environ cinq heures du soir. Mais Smit, jugeant qu'il était de trop bonne heure et qu'on pourrait nous découvrir, ce qui gâterait tout, ordonna de nous retirer plus haut en mer pour attendre la nuit, afin de faire sa descente. Nous n'eûmes pas resté un quart d'heure à la cape que la sentinelle, que nous avions à la découverte en haut de notre grand mât,

---

[1] Ville de l'Essex à 25 kilomètres de Colchester.

cria : " Navire." " Et où ? " lui demanda-t-on. " Au nord." " Quelle route ? " " A l'ouest," dit-il. " De quelle fabrique ? " " Trente-cinq navires marchands et une frégate d'environ trente-six canons, qui paraît leur servir d'escorte," répondit la sentinelle. En effet, c'était une flotte marchande, sortie du Texel, faisant route pour la Tamise. Notre commandant tint d'abord conseil de guerre, où il fut conclu que, sans s'arrêter à l'expédition de Harwich, on tâcherait de se rendre maître de cette flotte, qui était plus intéressante pour le roi que de brûler Harwich. Il ne se présentait pas tous les jours une occasion de faire un si riche butin, mais tous les jours on pourrait entreprendre l'expédition de Harwich. Le commandant alléguait toutes ces raisons au capitaine Smit, lequel pestait et protestait contre la conclusion du conseil de guerre. Le conseil de guerre tint ferme dans sa résolution, étant secrètement bien aise qu'il y eût une occasion de faire échouer l'expédition de Harwich par la jalousie qu'ils avaient de suivre les ordres de Smit. Après l'issue du conseil où chaque capitaine des galères reçut les ordres du commandant pour l'attaque de cette flotte, nous fîmes force de voiles et de rames pour aller à sa rencontre, et comme elle venait à nous, et nous à elle, nous fûmes bientôt tout près les uns des autres. Notre commandant avait ordonné de telle sorte sa division que quatre galères devaient investir, autant que possible, les navires marchands, et ne s'attacher qu'à eux afin de s'en rendre maîtres, pendant que notre galère, qui était la commandante, s'attacherait, avec celle du chevalier de Mauvilliers, à attaquer et à se rendre maître de la frégate qui servait de convoi. Suivant ces dispositions, les quatre galères prirent leur route pour entourer les vaisseaux marchands, et leur couper l'embouchure de la Tamise, et nous avec notre conserve allâmes droit à la frégate. Cette frégate, voyant notre manœuvre, conçut bien que la flotte était en grand danger ou du moins la plus grande partie. Cette frégate était anglaise, et le capitaine qui la montait un des plus prudents et braves de son temps, ce qu'il fit bien connaître dans cette occasion, car ayant donné ordre aux vaisseaux marchands de forcer la voile pour gagner le plus promptement qu'il serait possible l'embouchure de la Tamise et de faire en sorte de ne point tomber au pouvoir des Français, et ayant ajouté que quant à lui, il comptait donner tant d'ouvrage aux six galères qu'il espérait de les sauver tous, et qu'en un mot il s'allait sacrifier pour eux, il mit toutes ses voiles au vent et cingla sur nos deux galères qui allaient l'attaquer, comme s'il venait nous attaquer lui-même.

Il faut savoir que la galère qui nous servait de conserve était restée plus d'une lieue derrière la nôtre, soit qu'elle ne marchât pas si bien, ou que le capitaine qui la commandait eût dessein de nous laisser essuyer les premiers coups. Notre commandant, que l'approche de la frégate n'inquiétait pas beaucoup, croyait qu'avec sa galère il était assez fort pour s'en rendre maître. Nous fîmes une décharge sur la frégate qui ne nous répondit pas un seul coup, ce qui fit dire à notre commandant, par gasconnade, que le capitaine de cette frégate était sans doute las d'être Anglais et se venait rendre à nous sans combat. Nous avancions si vigoureusement l'un contre l'autre que notre galère fut en peu de temps à la portée du fusil, et déjà notre mousqueterie commençait à jouer sur la frégate, lorsque tout-à-coup elle revira de bord, comme si elle eût voulu s'enfuir. La fuite de l'ennemi augmente généralement le courage. Celle de la frégate augmenta celui de notre équipage, qui se mit à crier aux gens qui la montaient qu'ils étaient des lâches d'éviter le combat, mais qu'il n'était plus temps, et que, s'ils n'amenaient pas leur pavillon pour se rendre, on les allait couler à fond. L'Anglais ne répondit rien, mais se préparait à nous donner une sanglante tragédie. La frégate, qui feignait de prendre la fuite, nous tournait le derrière et nous la donnait belle pour sauter à l'abordage ; car la manœuvre d'une galère qui veut attaquer un navire et s'en emparer, est de porter sur le derrière du navire (qui est le côté le plus faible) son devant où elle a toute sa force et son artillerie. Elle fait en sorte d'y enfoncer sa proue, fait feu de ses cinq pièces de canon, et aussitôt on monte à l'abordage. La commandant de la galère ordonna d'abord cet abordage, croyant en faire de même avec cette frégate, et recommanda à celui qui était au gouvernail de viser droit à elle pour l'enfoncer de notre éperon. Tous les soldats et matelots, destinés pour sauter à bord, se tenaient prêts avec le sabre nu et la hache d'armes à la main lorsque la frégate, qui avait prévu notre manœuvre, esquiva d'un coup de gouvernail notre éperon qui était prêt d'enfoncer sa poupe. Mais la hardiesse du capitaine anglais fut admirable, comme il avait prévu cet évènement, il s'était tenu tout prêt avec ses grappins, au moyen desquels il nous accrocha et nous attacha contre son bord. Ce fut alors qu'il nous régala de son artillerie. Tous ses canons étaient chargés à mitraille. Tout le monde était à découvert sur la galère comme un pont ou radeau. Pas un coup de son artillerie qu'il nous tirait à brûle-pourpoint ne se perdait, mais faisait un carnage épouvantable. De plus, ce capitaine avait sur les hunes de ses mâts plusieurs de son monde, avec des barils pleins de grenades, qui nous les faisaient pleuvoir comme de la grêle sur le corps, si bien que dans un instant tout notre équipage fut mis hors d'état non seulement d'attaquer, mais même de faire aucune défense. Ceux qui n'étaient ni morts ni blessés s'étaient couchés tout à plat pour le contrefaire et la terreur était si grande, tant parmi les officiers que l'équipage, que tous tendaient la gorge à l'ennemi, qui, voyant notre terreur, fit pour surcroît une sortie de quarante ou cinquante hommes de son bord, qui descendirent sur la galère le sabre à la main et hachaient en pièces tout ce qui se trouvait devant eux de l'équipage, en épargnant cependant les forçats, qui ne faisaient aucun mouvement de défense. Après donc qu'ils eurent haché comme des bouchers, ils rentrèrent dans leur frégate, continuant de nous canàrder avec leur mousqueterie et grenades.

Il se rencontra que notre banc, dans lequel nous étions cinq forçats et un esclave turc se trouva vis-à-vis d'un canon de la frégate, que je voyais bien qui était chargé. Nos bords se touchaient. Par conséquent, ce canon était si près de nous qu'en m'élevant un peu, je l'eusse pu toucher avec la main. Ce vilain voisin nous fit tous frémir. Mes camarades de banc se couchèrent tout plat, croyant échapper à son coup. En examinant ce canon, je m'aperçus qu'il était pointé ce qu'on appelle à couler bas, et que, comme la frégate était plus haute du bord que la galère, le coup porterait à plomb dans le banc et qu'étant couchés, nous le recevrions tous sur nos corps. Ayant fait cette réflexion, je me déterminai à me tenir tout droit dans le banc. Je n'en pouvais sortir, j'y étais enchaîné; que faire ? Il fallut se résoudre à passer par le feu de ce canon, et, comme j'étais attentif à ce qui se passait dans la frégate, je vis le canonnier avec sa mèche allumée à la main, qui commençait à mettre le feu au canon sur le devant de la frégate, et, de canon en canon, venait vers celui donnant sur notre banc. J'élevai alors mon cœur à Dieu et fis une courte prière, mais fervente, comme un homme qui attend le coup de la mort. Je ne pouvais distraire mes yeux de ce canonnier, qui s'approchait toujours de notre canon à mesure qu'il tirait les autres. Il vint donc à ce canon fatal. J'eus la constance de lui voir mettre le feu me tenant toujours droit, en recommandant mon âme à Dieu.

Le canon tira et je fus étourdi tout-à-coup et couché non dans le banc, mais sur le coursier de la galère, car le coup de canon m'avait jeté aussi loin que ma chaîne pouvait s'étendre.

Je restai sur ce coursier, à travers le corps du lieutenant de la galère qui avait été tué, je ne sais combien de temps, étourdi et sans connaissance. A la fin, cependant, je repris mes sens. Je me levai de dessus le corps du lieutenant, rentrant dans mon banc. Il était nuit, et je ne voyais ni le sang ni le carnage qui étaient dans mon banc, à cause de l'obscurité. Je crus d'abord que mes camarades de banc se tenaient couchés par la crainte du canon. Moi qui ne savais pas que je fusse blessé, ne sentant aucun mal, je dis à mes camarades : " Levez-vous, mes enfants, le danger est passé." Mais je n'eus d'eux aucune réponse. Le Turc du banc qui avait été janissaire, et qui se vantait de n'avoir jamais eu peur, restant couché comme les autres, me fit prendre un ton railleur : " Quoi," lui dis-je, "Isouf ? Voilà donc la première

92

fois que tu as peur. Allons, lève-toi.'' Et en même temps je voulus le prendre par le bras pour l'aider. Mais, horreur, qui me fait frémir encore quand j'y pense, son bras détaché de son corps me reste à la main. Je rejette avec horreur le bras sur le corps de ce pauvre misérable, et je m'aperçus bientôt que lui, comme les quatre autres, étaient hachés comme chair à pâté, car toute la mitraille de ce canon, leur était tombée dessus.

Je m'assis dans le banc. Je ne fus pas longtemps dans cette attitude que je sentis couler sur mon corps, qui était nu, quelque chose de froid et d'humide. J'y portai la main et je sentais bien qu'elle était mouillée, mais dans l'obscurité je ne pouvais distinguer si c'était du sang. Je m'en doutais cependant, et suivant avec le doigt ce sang qui coulait à gros bouillon de mon épaule gauche, proche la clavicule, je trouvai une grande blessure qui me perçait l'épaule de part en part. J'en sentis aussi une autre à la jambe gauche, au-dessous du genou, qui perçait aussi d'outre en outre, plus une troisième, qui, je crois, avait été faite par un éclat de bois, qui m'avait emporté la peau du ventre de la longueur d'un pied et de quatre pouces de largeur. Je perdais une infinité de sang, sans pouvoir être aidé de personne, tout étant mort, tant à mon banc qu'à celui d'au-dessous et à celui d'au-dessus, si bien que, de dix-huit personnes que nous étions dans ces trois bancs, il n'en réchappa que moi, avec mes trois blessures, et cela de la mitraille de ce seul canon. On le comprendra aisément si on se représente que ces canons étaient chargés jusqu'à la gueule ; premièrement la cartouche de poudre, ensuite une longue boîte de fer-blanc, suivant le calibre du canon, remplie de grosses balles à mousquet, et le reste du vide avec de vieilles ferrailles, et lorsqu'on tire ces canons, la boîte se brise, les balles et la mitraille s'épanchent d'une manière incompréhensible et font un carnage affreux.

Il fallait que j'attendisse pour être secouru, que le combat fût fini, car tout était sur la galère dans un désordre effroyable. On ne savait qui était mort, blessé ou en vie, on n'entendait que les cris lugubres des blessés qui étaient en grand nombre. Le coursier était si jonché de corps morts qu'on n'y pouvait passer. Les bancs des rameurs étaient pareillement pour la plupart pleins non seulement de forçats, mais de matelots, de soldats, d'officiers morts ou blessés, tellement que les vivants ne pouvaient se remuer, ni agir pour jeter les morts à la mer, ni secourir les blessés. Joignez à cela l'obscurité de la nuit et que nous n'osions allumer ni falots ni lanternes, à cause qu'on craignait d'être vus de la côte et que les navires de guerre qui étaient dans la Tamise ne courussent sur nous. M. de Langeron, notre commandant, ne voyant personne sur pied sur la galère que lui, craignant d'ailleurs quelque évènement plus funeste, hissa lui-même le pavillon de secours, appelant par là toutes les galères de son escadre. Notre conserve fut bientôt avec nous, et les quatre qui avaient déjà attaqué et fait amener les voiles de la plupart des bâtiments marchands, voyant ce signal et le péril de leur commandant, quittèrent prise pour le venir secourir, et abandonnèrent la Tamise, si bien que toute cette flotte, rehaussant ses voiles, se sauva dans la rivière. Toutes les galères voguèrent avec tant de vitesse que dans moins d'une demi-heure toutes les six entourèrent la frégate, qui se vit bientôt hors d'état de tirer ni canon, ni mousqueterie, et personne de l'équipage de la frégate ne paraissait sur le tillac. On commanda d'abord vingt-cinq grenadiers par galère pour aller à l'abordage de la frégate ; ils n'eurent pas beaucoup de peine à y monter, n'y ayant personne qui leur disputât l'abord, mais lorsqu'ils furent sur le pont ou tillac, ils trouvèrent à qui parler. Les officiers s'étaient retranchés sous le château de derrière et tiraient à mitraille des fauconneaux sur ces grenadiers. Mais le pire de tout était que ce tillac était ce qu'on appelle en caillebotis.[1] La plupart de l'équipage de la frégate se tenait entre les deux ponts, sous ce grillage, et, à travers les trous de la grille, donnait avec des piques dans les jambes de ces grenadiers tant qu'ils le contraignirent de ressauter sur leurs galères, ne pouvant plus résister sur le tillac. On commanda un autre détachement,

[1] C'est un pont grillagé de bandes de fer.

qui monta à l'abordage, mais qui en descendit plus vite qu'il n'y était monté. Il fallut enfin rompre ce grillage, avec des pieds de porc [1] et autres instruments, pour faire une ouverture au tillac, afin d'en dénicher l'équipage de la frégate et se rendre maître de l'entrepont, ce qui fut exécuté, malgré les coups de fauconneaux et de piques, qui en tuèrent et blessèrent un grand nombre. A force de monde, on fit sortir l'équipage d'entre les deux ponts et on le fit prisonnier. Mais les officiers de la frégate étaient toujours retranchés sous le château d'arrière, faisant grand feu de leurs fauconneaux. Il fallut aussi les y forcer, non sans perte.

Voilà donc tout l'équipage de la frégate rendu, excepté le capitaine qui s'enferma dans sa chambre de poupe, faisant feu de divers fusils et pistolets qu'il avait avec lui et jurant comme un perdu qu'il ne se rendrait pas, tant qu'il lui resterait quelque mouvement de vie. On commanda un sergent avec douze grenadiers, la baïonnette au bout du fusil, pour aller enforcer la porte de cette chambre et forcer le capitaine à se rendre. Le sergent, à la tête de son détachement, eut bientôt enfoncé cette porte, mais le capitaine, qui l'attendait là, le pistolet à la main, lui cassa la tête et le renversa raide mort. Les douze grenadiers, voyant cela et craignant le même sort, s'enfuirent, et il ne fut possible aux officiers d'y faire avancer aucun autre soldat, car ils disaient pour leur défense que, ne pouvant entrer qu'un à un dans cette chambre, le capitaine les tuerait tous l'un après l'autre. Il fallut encore tenter la voie de la douceur pour l'avoir. Alors ce capitaine, qui n'avait tant résisté que pour amuser les galères et donner le temps à sa flotte d'entrer dans la Tamise, s'apercevant aux fanaux que portaient les navires qu'elle y était toute entrée, ne se fit plus tirer l'oreille pour se rendre. Mais pour donner surabondance de temps à quelques traîneurs de la flotte et pour que la nuit les dérobât entièrement à la poursuite des français, il prétexta encore un délai, disant qu'il ne remettrait son épée qu'entre les mains du commandant des galères, qui devait venir la prendre à son bord. On

[1] Pied de chèvre.

établit une trêve pour en aller faire le rapport au commandant, qui envoya son second à ce capitaine, pour lui représenter qu'il n'était pas du devoir d'un commandant de quitter son poste. Ce capitaine, n'ayant plus rien à faire pour mettre sa flotte en sûreté, rendit son épée. On le descendit dans la galère auprès du commandant, qui fut surpris de voir un homme tout contrefait, bossu devant et derrière. Notre commandant lui fit compliment lui disant que c'était le sort des armes et qu'il aurait lieu de se consoler de la perte de son navire, par le bon traitement qu'il lui ferait. " Je n'ai aucun regret," lui répondit-il, " de la perte de ma frégate, puisque je suis venu à bout de mon dessein, qui était de sauver la flotte qui m'avait été confiée et que d'ailleurs j'avais pris la résolution, dès que je vous ai aperçu, de sacrifier mon vaisseau et ma propre personne pour la conservation du bien qui était sous ma défense. Vous trouverez encore, ajouta-t-il, parlant au commandant, quelque peu de plomb et de poudre que je n'ai pas eu le temps de vous donner. Voilà tout ce que vous trouverez de plus précieux sur la frégate. Au reste, si vous me traitez en homme d'honneur, moi ou qu'autre de ma nation aurons quelque jour l'occasion de vous rendre la pareille." Cette noble fierté charma M. de Langeron, qui en lui rendant son épée, lui dit fort civilement : " Reprenez cette épée, Monsieur, vous méritez trop bien de la porter et vous n'êtes mon prisonnier que de nom."

La première chose, que l'on fit sur notre galère, fut de jeter les morts à la mer et porter les blessés dans le fond de cale. Mais Dieu sait combien de malheureux furent jetés à la mer pour morts, qui ne l'étaient pas, car dans cette confusion et dans l'obscurité on prenait pour mort tel qui n'était qu'évanoui, ou de peur, ou par la perte que faisaient les blessés de leur sang. Je me trouvai dans cette extrémité, car lorsque les argousins vinrent dans mon banc pour y déchaîner les morts et les blessés, j'étais tombé évanoui parmi les autres, vautré dans leur sang et le mien qui coulait en abondance de mes blessures. Ces argousins conclurent d'abord que tous ceux du banc étaient morts. On ne faisait que déchaîner et jeter à la mer, sans examiner de plus près si on était mort ou en vie, et il suffisait pour eux de n'entendre ni crier ni parler. Ces funérailles d'abord se faisaient si précipitamment que dans un moment ils avaient vidé un banc. Mes pauvres camarades ne furent pas sujets à cette équivoque. On les jeta par pièces et lambeaux dans la mer. Il n'y avait que moi qui étais entier, mais couché et confondu dans ce carnage. On me déchaîna pour me jeter dans la mer. L'argousin prit ma jambe gauche blessée à pleine main pour me la tenir sur l'enclume, pendant qu'un autre faisait sortir la goupille de l'anneau de fer qui tenait la chaîne. Cet homme appuya par hasard, et pour mon bonheur, le pouce bien fort sur la plaie, ce qui me causa une si grande douleur, que je fis un grand cri, et j'entendis que l'argousin disait : " Cet homme n'est pas mort," et m'imaginant de quoi il s'agissait et qu'on me voulait jeter dans la mer, je m'écriai aussitôt. Si bien qu'on m'emporta à fond de cale parmi les autres blessés et on me jeta sur un câble. Nous étions, tous les blessés, dans ce fond de cale, pêle-mêle, matelots, soldats, les officiers et forçats, sans distinction, couchés sur la dure et sans être secourus en rien ; car à cause du grand nombre de blessés que nous étions, les chirurgiens ne pouvaient y subvenir pour nous panser. Quant à moi, je fus trois jours dans cet affreux fond de cale, sans être pansé qu'avec un peu d'eau-de-vie camphrée, que l'on mit sur une compresse pour arrêter le sang, sans aucun bandage ni médicament.

Les blessés mouraient comme des mouches dans ce fond de cale, où il faisait une chaleur à étouffer et une puanteur horrible, ce qui causait une si grande corruption dans nos plaies que la gangrène s'y mit partout. Dans cet état déplorable, nous arrivâmes, trois jours après le combat, à la rade de Dunkerque. On y débarqua d'abord les blessés pour les porter à l'hôpital de la marine. On me sortit de ce fond de cale, de même que plusieurs autres, avec le palan à poulie, comme des bêtes. On nous porta à l'hôpital plus morts que vifs.

PAGES D'HISTOIRE

La fin du grand règne fut attristée par des revers. La misère devint affreuse : " Le pain enchérit outre mesure," dit Saint-Simon, il ne se peut dire combien d'honnêtes familles mouraient dans les greniers."

Le roi mourut en 1715, laissant la France agrandie mais épuisée. Il lui avait donné la gloire, le français était parlé dans toute l'Europe, mais cet éclat était compensé par d'horribles malheurs, si bien que la mort du plus grand roi de France fut accompagnée d'une joie bruyante :

" J'ai vu," dit Voltaire, en parlant des funérailles, " de petites tentes dressées sur le chemin de Saint-Denis. On y buvait, on y chantait, on y riait."

Le duc de Saint-Simon nous a laissé dans ses *Mémoires* un récit succint et saisissant de la mort de Louis XIV.

LA MORT DE LOUIS XIV (1715)

Par LE DUC DE SAINT-SIMON

Le vendredi 30 août, la journée fut aussi fâcheuse qu'avait été la nuit, un grand assoupissement, et dans les intervalles la tête embarrassée. Il prit de temps en temps un peu de gelée et de l'eau pure, ne pouvant plus souffrir le vin. Il n'y eut dans sa chambre que les valets les plus indispensables pour le service, et la médecine, Mme de Maintenon et quelques rares apparitions du P. Tellier, que Bloin ou Maréchal envoyaient chercher. Il se tenait peu même dans les cabinets, non plus que M. du Maine. Le roi revenait aisément à la piété quand Mme de Maintenon ou le P. Tellier trouvaient les moments où sa tête était moins embarrassée ; mais ils étaient rares et courts. Sur les cinq heures du soir, Mme de Maintenon passa chez elle, distribua ce qu'elle avait de meubles dans son appartement à son domestique, et s'en alla à Saint-Cyr pour n'en sortir jamais.

Le samedi 31 août, la nuit et la journée furent détestables. Il n'y eut que de rares et de courts instants de connaissance. La gangrène avait gagné le genou et toute la cuisse. On lui donna du remède du feu abbé Aignan, que la duchesse du Maine avait envoyé proposer, qui était un excellent remède pour la petite vérole. Les médecins consentaient à tout, parce qu'il n'y avait plus d'espérance. Vers onze heures du soir, on le trouva si mal qu'on lui dit les prières des agonisants. L'appareil le rappela à lui. Il récita des prières d'une voix si forte qu'elle se faisait entendre à travers celle du grand nombre d'ecclésiastiques et de tout de qui était entré. A la fin des prières, il reconnut le cardinal de Rohan, et lui dit : " Ce sont là les dernières grâces de l'église." Ce fut le dernier homme à qui il parla. Il répéta plusieurs fois : *Nunc et in hora mortis*, puis dit : " O mon Dieu, venez à mon aide, hâtez-vous de me secourir ! " Ce furent ses dernières paroles. Toute la nuit fut sans connaissance, et une longue agonie, qui finit le dimanche 1er septembre 1715, à huit heures un quart du matin, trois jours avant qu'il eût soixante-dix-sept ans accomplis, dans la soixante-douzième année de son règne.

Il se maria à vingt-deux ans, en signant la fameuse paix des Pyrénées en 1660. Il en avait vingt-trois, quand la mort délivra la France du cardinal Mazarin ; vingt-sept, lorsqu'il perdit la reine, sa mère, en 1666. Il devint veuf à quarante-quatre ans en 1683, perdit Monsieur à soixante-trois ans en 1701 et survécut à tous ses fils et petit-fils, excepté son successeur, le roi d'Espagne, et les enfants de ce prince. L'Europe ne vit jamais un si long règne, ni la France un roi si âgé.

Par l'ouverture de son corps qui fut faite par Maréchal, son premier chirurgien, avec l'assistance et les cérémonies accoutumées, on lui trouva toutes les parties si entières, si saines et tout si parfaitement conformé, qu'on jugea qu'il aurait vécu plus d'un siècle sans les fautes dont il a été parlé qui lui mirent la gangrène dans le sang. On lui trouva aussi la capacité de l'estomac et des intestins double au moins des hommes de sa taille ; ce qui est fort extraordinaire, et ce qui était cause qu'il était si grand mangeur et si égal.

Ce fut un prince à qui on ne peut refuser beaucoup de bon, même de grand, en qui on ne peut méconnaître plus de petit et de mauvais, duquel il n'est pas possible de discerner ce qui était de lui ou emprunté ; et dans l'un et dans l'autre rien de plus rare que les écrivains qui en aient été bien informés, rien de plus difficile à rencontrer que des gens qui l'aient connu par eux-mêmes et par expérience et capables d'en écrire, en même temps assez maîtres d'eux-mêmes pour en parler sans haine ou sans flatterie, de n'en rien dire que dicté par la vérité nue en bien et en mal. Pour la première

100

partie, on peut ici compter sur elle ; pour l'autre on tâchera d'y atteindre en suspendant de bonne foi toute passion.

. . . . . .

Louis XV succéda au Roi Soleil et pendant sa minorité, la régence appartint au duc d'Orléans, qui se signala par sa légèreté et sa corruption.

Après la Régence, Louis XV, dit le Bien-Aimé, fit plusieurs fautes dont les principales furent l'abandon des Indes et du Canada. Cependant, ce règne fut glorieux pour les lettres, les arts, et les sciences. On vit paraître Lagrange, Clairaut, Monge, Laplace, Réaumur, Lavoisier le fondateur de la chimie moderne, Buffon, etc., etc.

Les esprits étaient en mouvement, mais l'agriculture était en pleine décadence et le peuple se souleva plusieurs fois en poussant ce cri sinistre : " Du pain."

De toutes parts on sentait que le gouvernement absolu du roi de France touchait à son terme et que la société allait être replacée sur d'autres bases.

Le roi mourut en 1774.

COURONNEMENT DE SA MAJESTÉ LOUIS XVI

SACRÉ À REIMS LE ONZE JUIN 1775

(Manuscrit inédit de l'époque)

SA MAJESTÉ LOUIS XVI roi de France, monté sur le trône de son auguste aïeul, dont la mémoire sera à jamais chère à la nation française, n'a pas tardé à réaliser les espérances que ses sujets, avect oute l'Europe, avaient conçues des éminentes qualités qui ont éclaté dans le commencement de son règne ; aussi attendait-on avec impatience l'heureux moment où il devait consacrer sa puissance et son autorité à l'état, par la cérémonie du sacre qui a pris naissance dans les premiers temps de cette monarchie.

Sa Majesté, pour répondre aux vœux de ses sujets, et après avoir satisfait aux marques publiques de sa vénération pour la mémoire de son auguste prédécesseur (décédé le dix mai mil sept-cent-soixante-quatorze), partit de Versailles le cinq juin mil sept-cent-soixante et quinze, accompagnée de Monsieur, de Madame, et de Monseigneur le comte d'Artois, et se rendit le même jour à Compiègne, où son arrivée fut annoncée par le son des cloches de la ville, et où elle fut reçue par le duc de Gesvres, gouverneur de la province de l'Ile de France, selon l'usage ordinaire.

Sa Majesté ayant séjourné deux jours à Compiègne avec toute la cour, partit le huit pour se rendre à Finnes, où elle devait coucher. Elle y fut aussi reçue comme dans tous les endroits par où elle a passé, avec tous les honneurs et cérémonies d'usage.

Sa Majesté arriva enfin, le vendredi neuf juin à Reims, où elle fit son entrée publique et pompeuse, au milieu d'un peuple immense, qui faisait partout retentir et éclater ses transports d'amour et de joie par des cris mille fois répétés de " Vive le Roi."

Lorsque le roi fit son entrée dans cette ville, dont il avait reçu les clefs des mains du duc de Bourbon, gouverneur de Champagne, un détachement des mousquetaires des gendarmes de la garde marchait au devant d'un des carosses de Sa Majesté, dans lequel étaient les écuyers, et ce carosse était précédé du vol du cabinet. Le second carosse qui suivait était rempli par les grands officiers de la couronne. On voyait ensuite paraître les pages de la grande et petite écurie, qui précédaient le magnifique carosse du roi. Sa Majesté était accompagnée de Monsieur, de Monseigneur le comte d'Artois, de Messeigneurs les ducs d'Orléans et de Chartres, prince de Condé, prince de Conti, et du comte de la Marche. Les capitaines des gardes de quartier à cheval, étaient aux portières du carosse, qui était environné de vingt-quatre valets de pied. Le gouverneur et le lieutenant-général de Champagne le précédaient, tous deux à cheval. Les gardes du corps et les chevaux-légers marchaient après avec le grand-maître et le maître des cérémonies. Le guet des gardes du corps suivi de celui des gendarmes, fermait cette pompeuse marche.

Sa Majesté ayant passé sous les arcs de triomphe, traversa la grande rue de Vesle jusqu'à la porte principale de l'église métropolitaine. Arrivée à cette porte, elle y fut reçue par le cardinal-archevêque assisté des évêques, des suffragants, et à la tête du chapitre. Elle se mit à genoux et baisa le livre des évangiles. Le clergé rentra ensuite dans l'église en ordre de procession, et le roi fut conduit à un prie-Dieu dressé au milieu du chœur sous un dais magnifique : on y chanta le *Te Deum* au bruit de plusieurs salves de l'artillerie de la ville. Le maréchal de Duras remit alors entre les mains du roi un admirable ciboire d'or, que Sa Majesté offrit à Dieu, en le posant sur l'autel. Elle se retira ensuite dans le palais de l'archevêque, paré des plus superbes ameublements de la couronne, où elle reçut les hommages du clergé et des corps de la ville. Le lendemain après-midi, veille du couronnement, le roi, accompagné des princes du sang et suivi de toute la cour, assista aux premières vêpres du sacre, et au sermon prononcé par l'archevêque d'Aix.

Le jour du couronnement on avait décoré l'église métropolitaine avec la plus grande magnificence. Deux étages en tribune y avaient été construits autour du chœur, et l'on avait masqué les piliers de l'intérieur par une colonnade d'ordre Corinthien dont les entrecolonnements étaient de grandes figures aîlées qui portaient des girandoles garnies de lumières. L'entablement était surmonté d'un socle, sur lequel étaient des groupes d'enfants portant des lumières. On avait pratiqué à l'entrée du chœur un grand jubé, où était placé le trône du roi au-dessus duquel était suspendu un dais entre quatre colonnes, avec des pentes de satin violet parsemées de fleurs de lys d'or. Dans la croisée du chœur s'élevaient deux vastes tribunes magnifiquement décorées : l'une à droite, destinée pour la reine et les princesses, l'autre à gauche, pour les ambassadeurs. Les chanoines, tous en chapes également riches et brillantes, entrèrent au chœur vers les six heures du matin et se placèrent dans les hautes stalles. Le grand-prieur de Saint-Denis, le trésorier, et le maître des cérémonies, qui avaient apporté les ornements royaux du trésor de cette abbaye, étaient à côté de l'autel. On commença à prime. L'archevêque, vêtu de ses habits pontificaux, vint à l'autel précédé de quatres évêques, du chantre et du sous-chantre. Après eux marchaient l'évêque d'Amiens, sous-Diacre, et celui de Soissons, Diacre, tous deux en mitre. Les évêques de Boulogne, de Limoges, d'Arras, et de Montpellier prirent leurs places au côté droit ; celui de Senlis, faisant la fonction de grand aumônier, les cardinaux invités, et revêtus de leurs ornements, occupaient une forme un peu plus haute que celle des pairs ecclésiastiques. Derrière ceux-ci étaient plusieurs archevêques et évêques invités, et ensuite les agents du clergé et aumôniers du roi ; au-dessous des archevêques et évêques étaient les conseillers d'état et maîtres des requêtes invités et les six secrétaires du

COURONNEMENT DE LOUIS XVI

roi, tous en habit de cérémonie. Bientôt on vit arriver les pairs ecclésiastiques en mitre et chape de drap d'or, et conduits par le grand-maître des cérémonies. Ils occupèrent du côté de l'épitre un banc couvert d'un tapis de velours violet semé de fleurs de lys d'or. Les pairs laïcs se placèrent de l'autre côté, et derrière eux messeigneurs de Contades, de Broglie, de Nicolaï, maréchaux de France, nommés, par le roi pour porter la couronne, le sceptre et la main de justice. Plus loin on voyait les quatre secrétaires d'Etat, les maréchaux de France, les principaux officiers de Sa Majesté, et les seigneurs de la cour. Toutes les autres personnes de distinction étaient entre les piliers sur des galeries élevées en amphithéâtre. Toute cette assemblée formait le coup d'œil le plus ravissant.

Les pairs laïques n'arrivèrent qu'à sept heures, tous vêtus d'une veste d'étoffe d'or, avec une ceinture d'or, et pardessus leur longue veste, un manteau ducal de drap violet, doublé et bordé d'hermine et ouvert sur l'épaule droite : ils avaient tous une couronne ducale dorée. Monsieur, frère du roi, représentait le duc de Bourgogne, et son siège avait un marche-pied plus haut que celui des autres pairs ; Monseigneur le comte d'Artois, représentait le duc de Normandie ; Monseigneur le duc d'Orléans, le duc d'Acquitaine ; Monseigneur le duc de Chartres, le comte de Toulouse ; Monseigneur le prince de Condé, le comte de Flandre ; Monseigneur le prince de Bourbon, le comte de Champagne. Ils portaient tous sur leurs manteaux les colliers de leurs ordres. Tous les pairs députèrent l'évêque duc de Laon et l'évêque comte de Beauvais pour aller chercher le roi. Ces deux prélats, revêtus de leurs habits pontificaux, à la tête des chanoines de Reims, immédiatement précédés du grand-maître des cérémonies, étant arrivés à la chambre du roi ; entrouvrirent la porte fermée, le chantre y frappe de son bâton. "Que demandez-vous," dit le grand-chambellan sans ouvrir la porte. "Le roi," répondit l'évêque de Laon. "Le roi dort," reprit le chambellan. Le chantre frappa une seconde fois et tout se passa comme à la première, mais à la troisième l'évêque de Laon ayant dit : " Nous demandons Louis XVI que Dieu nous a donné pour roi," les portes de la chambre furent ouvertes et les prélats conduits auprès de Sa Majesté. Le roi était couché sur un lit de parade et vêtu d'une longue camisole de satin cramoisi, garnie de galons d'or et ouverte, ainsi que la chemise, aux endroits où le roi devait recevoir les onctions ; il avait par dessus cette camisole, une longue robe de toile d'argent et sur sa tête une toque de velours noir, garnie d'un cordon de diamants, d'une plume, et d'une double aigrette blanche. L'évêque de Laon donna de l'eau bénite au monarque et dit une oraison. Ensuite les deux prélats soulevèrent Sa Majesté de dessus le lit et la conduisirent processionnellement à l'église.

En sortant de la chambre du roi, la marche était ouverte par des gardes de la prévôté de l'hôtel, le clergé venait ensuite et après lui les Suisses de la garde dans leurs habits de cérémonies, ayant à leur tête le marquis de Courtenveaux, habillé de drap d'argent avec un baudrier de la même étoffe brodée, un manteau noir, doublé de drap d'argent et garni de dentelles, et une toque de velours noir avec un bouquet de plumes. Les autres officiers étaient vêtus d'habits de moiré d'argent et de satin blanc. Les hautbois, trompettes, tambours de la chambre, six hérauts d'armes en habit de velours blanc. Le grand-maître des cérémonies et Monsieur de Nantouillet, maître des cérémonies, vêtus de pourpoints de toile d'argent précédaient les maréchaux de Mouchy, du Muy, le comte du Châtelet et le marquis de Poyanne, chevalier de l'ordre du Saint-Esprit, destinés à porter les offrandes. Le comte de Clermont de Tonerre, représentant le connétable, paraissait ayant à ses côtés les huissiers de la chambre portant leurs masses, habillés de satin blanc et précédés de huit pages de la chambre du roi, superbement vêtus.

Sa Majesté marchait après eux entre les évêques de Laon et de Beauvais, suivie du prince de Lambesc, grand écuyer, destiné à porter la queue du manteau royal, du maréchal de Noailles et du prince de Beauvais, et environné de six gardes vêtus de satin blanc ayant leurs cottes d'armes en broderie

La Révocation de l'édit de Nantes.—Assemblée des Camisards
dans les Cévennes.

par dessus leurs habits, et la pertuisane à la main ; Monsieur de Miromesnil, garde des Sceaux, représentait le chancelier, vêtu d'une soutane de satin cramoisi, un grand manteau d'écarlate par dessus, et sur la tête le mortier de chancelier, de drap d'or bordé d'hermine ; le prince de Soubise, faisant les fonctions de grand-maître de la maison du roi ; le duc de Bouillon, grand-chambellan de France ; le maréchal de Duras, premier gentilhomme ; et le duc de Liancourt, grand-maître de la garde-robe, marchaient après le roi, et cette marche était fermée par les officiers des gardes du corps de quartier, suivis des gardes du corps.

Sa Majesté entra dans le chœur et fut conduite sous le dais ; alors on chanta le *Veni Creator* et tierce, cependant Dom de Bay, grand-prieur de Saint-Rémy, en chape d'étoffe d'or et monté sur un cheval blanc de l'écurie du roi que conduisaient par les rênes deux maîtres palefreniers, arriva avec la sainte ampoule. Ce bénédictin était sous un dais magnifique, porté par quatres barons, dit chevaliers de la Sainte Ampoule, vêtus de satin blanc, d'un manteau de soie noire et d'une écharpe de velours blanc, garnie de franges d'argent avec la croix de chevalier passée au cou. Aux quatre coins du dais on voyait à cheval les quatre seigneurs nommés par le roi pour ôtages de la sainte ampoule : savoir le vicomte de la Rochefoucauld, le comte de Taillerand, le marquis de la Rocheaimon. Chacun d'eux était précédé de son écuyer portant un guidon chargé d'un côté des armes de France et de Navarre, et de l'autre de celles de leurs maisons. L'archevêque de Reims reçut la sainte ampoule, à la porte de l'église, des mains du grand-prieur, avec les cérémonies ordinaires. On commença sexte : L'archevêque se vêtit des ornements pour célébrer la messe. S'étant ensuite approché du roi, il lui fit une requête pour toutes les églises de France, et Sa Majesté répondit sans se lever de son siège et la tête couverte. On lui présenta ensuite le serment du royaume, qu'il prêta dans son fauteuil, à haute voix, en latin, et tenant les mains sur le livre des saints évangiles.

Aussitôt que le roi, eût prêté ces serments, il s'avança

au pied de l'autel, et là, étant debout, le premier gentil-homme de la chambre, lui ôta la robe de toile d'argent et la toque, et Sa Majesté resta la tête découverte et vêtu seulement de sa camisole de satin. On apporta son fauteuil, après quelques prières, et le roi s'étant assis, le grand-chambellan lui chaussa les bottines de velours, et Monsieur, les épérons d'or, qu'il lui ôta toute de suite. L'archevêque fit la bénédiction de l'épée de Charlemagne dans son fourreau ; il la remit ensuite toute nue à Sa Majesté, qui la reçut à genoux et la remit enfin au seigneur qui faisait la fonction de connétable ; celui-ci la tint, la pointe levée pendant toute la cérémonie du sacre et du couronnement et pendant le festin.

Le roi étant à genoux au pied de l'autel, le grand-prieur de Saint-Rémy donna la sainte ampoule à l'archevêque, qui en tira de l'huile précieuse qu'elle contient. Le monarque se prosterna sur un long carreau de velours violet semé de fleurs de lys d'or, et l'archevêque se prosterna aussi à sa droite, tandis qu'on chantait les litanies et qu'on disait des oraisons. Le roi s'étant levé et mis à genoux, lui fit ces sept onctions : sur le sommet de la tête, sur l'estomac, entre les deux épaules, sur l'épaule droite, sur la gauche, aux jointures et plis du bras droit, ensuite à ceux du gauche, disant à chaque fois ces paroles en latin : " Je vous sacre roi, avec cette huile sanctifiée, au nom du Père, du Fils, et du Saint-Esprit, " et tous les assistants répondirent autant de fois : " Amen." Après ces onctions, l'archevêque et les évêques de Laon et de Beauvais refermèrent les ouvertures de la chemise et de la camisole du roi, avec les lacets d'or ; le grand-chambellan revêtit ensuite Sa Majesté de la tunique, de la dalmatique et du manteau royal. Ces vêtements sont de velours violet semés de fleurs de lys en broderie d'or et représentant les trois ordres de sous-diacre, de diacre, et de prêtre. On lui fit alors la huitième onction sur la paume de la main droite, et la neuvième sur celle de la gauche, en faisant cette prière : " Que ces mains soient ointes de l'huile sanctifiée, de laquelle les rois et les prophètes ont été oints, et de la même manière que Samuel sacra David, afin que vous soyez béni et établi roi dans ce

110

royaume. Que Dieu qui vit et règne dans tous les siècles, daigne vous accorder cette grâce. " L'archevêque bénit ensuite les gants et l'anneau royal, qu'il mit au quatrième doigt de la main du roi, et il remit successivement entre les mains de Sa Majesté, le sceptre et la main de justice. M. de Miromesnil monta à l'autel et appela les pairs selon leurs rangs, d'abord les six princes, après eux les cinq pairs ecclésiastiques (sans y comprendre l'archevêque de Reims, qui est le premier), ce prélat prit sur l'autel la grande couronne de Charlemagne et la soutint seul à deux mains sur la tête du roi sans le toucher. Les pairs ecclésiastiques et laïques s'avancèrent pour la soutenir pendant la prière, et l'archevêque la mit sur la tête du roi.

Cette grande cérémonie étant achevée, l'archevêque prit le roi par le bras droit et le conduisit au magnifique trône élevé sur le jubé. Six hérauts d'armes marchèrent les premiers, les pairs ecclésiastiques montèrent du côté de l'épître, et les pairs laïques du côté de l'évangile. Le maréchal représentant le connétable, avec deux huissiers de la chambre à ses côtés, précédaient immédiatement Sa Majesté, qui avait cette couronne de Charlemagne sur la tête et portait le sceptre et la main de justice. On voyait aux côtés du roi, deux capitaines des gardes du corps et six gardes écossais. La queue du manteau royal était portée par le grand-écuyer ; le chancelier était seul derrière le roi, et le grand-maître de la maison du roi derrière le chancelier. Le monarque étant monté sur son trône, les pairs et les grands officiers se placèrent autour, sur des sièges moins élevés que le trône et distribués en amphithéâtre. L'archevêque ayant fait asseoir Sa Majesté, et la tenant par la main, continua les prières ; après lesquelles il lui fit une profonde révérence et le baisa ; ce que firent les pairs aussi avec cette exclamation : " Que le roi vive éternellement." Ce fut dans ce beau moment qu'on ouvrit les portes de l'église, et le peuple entra en foule pour voir son souverain sur le trône, entouré de toute la pompe et de tout l'éclat de la royauté et toute l'église retentit d'acclamations de " Vive le roi." En même temps, les trompettes et les autres instruments de musique qui étaient dans le chœur, se firent entendre et se mêlèrent aux cris de joie de tout le peuple. Les oiseleurs lâchèrent une grande quantité d'oiseaux de toute sorte dans l'église pendant ces acclamations ; les hérauts d'armes distribuèrent dans le chœur et dans la nef une grande quantité de médailles d'or et d'argent qui avaient été frappées pour cette cérémonie, qui représentaient d'un côté le buste du roi, avec cette inscription : "Ludovicus XVI, Rex Christianissimus," et au revers, l'instant de son sacre, avec cette légende : " Rex cœlesti oleo unctus," avec la date du jour, du mois, et de l'an.

L'archevêque étant descendu du jubé, entonna le *Te Deum*, pendant lequel toutes les cloches de la ville se firent entendre, de même que les bruits des salves de l'artillerie ; il commença la messe solennelle. Après le graduel, on présenta au roi, en cérémonie, le livre des évangiles à baiser, et au moment de l'offrande, Sa Majesté précédée d'un pompeux cortége, s'avança vers l'autel et s'étant mise à genoux, elle offrit successivement le vase d'argent doré, le pain d'or, et la bourse avec les treize pièces d'or qu'elle reçut des mains des quatre chevaliers de l'Ordre du Saint-Esprit. Avant l'élévation, Monsieur ôta au roi sa couronne et ne la lui rendit qu'à la fin du canon. Le baiser de paix fut donné au roi par le prélat, et tous les pairs le reçurent ensuite de Sa Majesté. A la fin de la messe, le monarque s'avança de nouveau vers l'autel, où il reçut à genoux l'absolution et la communion sous les deux espèces. L'archevêque ôta à Sa Majesté la grande couronne de Charlemagne, et lui en remit une plus petite et plus légère, faite exprès, enrichie des plus belles pierreries de la couronne et évaluée à seize millions. On rapporta la sainte ampoule dans le trésor de Saint-Rémy, et le roi retourna à l'archevêché revêtu de ses habits royaux, la couronne sur la tête, tenant le sceptre et la main de justice, et marchant au milieu des pairs. On déshabilla Sa Majesté, ses gants et sa chemise furent remis au grand-aumônier de France pour les brûler. Le roi s'étant reposé quelque temps, fut revêtu d'autres habits, et l'heure du festin royal arriva.

COURONNEMENT DE LOUIS XVI

La salle de l'archevêché, destinée pour cela, avait été magnifiquement décorée. On y avait dressé cinq tables : celle du roi était placée devant la cheminée sur une estrade élevée de quatre marches, sous un dais de velours violet semé de fleurs de lys d'or en broderie. Les tables des pairs ecclésiastiques et des laïques, de deux pieds plus basses, étaient à la droite et à la gauche de la salle, à une égale distance de l'estrade du roi. Sur la même ligne et au bout de ces deux tables, il y en avait deux autres, l'une à droite pour le Nonce du Pape et les ambassadeurs invités, et l'autre à gauche, dite la table des honneurs, pour le grand-chambellan de France, le premier gentilhomme de la chambre, les chevaliers de l'Ordre du Saint-Esprit qui avaient porté les offrandes, et autres seigneurs. Le duc de Cossé, grand panetier de France, fit mettre le couvert du roi et s'étant ensuite rendu au gobelet, il en apporta le cadenas à Sa Majesté, accompagné du marquis de Verneuil, grand échanson, qui portait la soucoupe, les verres, les carafes du roi, et du marquis de la Chenaye, grand-écuyer tranchant, qui portait la grande cuiller, la fourchette et le grand couteau. Ces seigneurs étaient vêtus d'habits et de manteaux de velours noir, doublés de drap d'or. On mit du côté droit de la table le plus éloigné du roi, la nef d'or enrichie de pierreries. Le premier service fut apporté dans l'ordre suivant : les hautbois, les trompettes, et les flûtes de la chambre, jouant des fanfares marchaient à la tête ; les six hérauts d'armes ; le grand-maître et le maître des cérémonies ; les douze maîtres d'hôtel du roi, deux à deux et tenant leurs bâtons ; le comte d'Escars, premier maître d'hôtel ; le grand-maître tenant son bâton de commandement et précédant immédiatement le service ; le grand panetier portant le premier plat ; les gentilshommes portant les autres plats, tous étant arrivés dans la salle, le marquis de la Chenaye, grand-écuyer tranchant, rangea les plats sur la table et en fit l'essai. Le grand-maître de la maison du roi, précédé du même cortège était allé avertir le roi. Bientôt Sa Majesté arriva. Outre tous les officiers dont on vient de parler, on vit paraître après le premier maître d'hôtel, les quatre chevaliers de l'Ordre du Saint-Esprit ; le maréchal de France, destiné à porter la couronne du saint roi Charlemagne, sur carreau de velours violet ; les maréchaux de France qui avaient porté le sceptre et la main de justice ; le prince de Soubise, grand-maître, marchant entre le duc de Bouillon, grand-chambellan et le maréchal de Duras, premier gentilhomme de la chambre ; le comte Clermont-Tonnere, connétable, tenant l'épée nue et droite, ayant à ses côtés des huissiers de la chambre ; le roi avec la couronne de diamants sur la tête, tenant le sceptre et la main de justice, et ayant à ses côtés : l'archevêque de Reims et Monsieur ; les pairs ecclésiastiques revêtus de leurs chapes et la mitre en tête ; les pairs laïques revêtus de leur manteau ducal et la couronne sur la tête ; les deux capitaines des gardes ; les six gardes de la manche, et derrière Sa Majesté, le prince de Lambesc, grand-écuyer, portant la queue du manteau royal, M. de Miromesnil, chancelier, fermant la marche. On bénit la table, et pendant le dîner, les maréchaux de France se tinrent debout auprès de la couronne de Charlemagne ; le connétable se plaça vis-à-vis du roi, tenant l'épée nue ; le grand-écuyer, derrière le fauteuil de Sa Majesté, et le grand-maître à la droite, qui présenta la serviette. Aussitôt que le roi se fut assis, les pairs allèrent se placer aux tables qui leur étaient destinées, les ecclésiastiques à la droite en cet ordre : l'archevêque ayant derrière lui deux chanoines en chape ; les évêques de Laon et Langres, de Beauvais, de Châlons, et de Noyon, sur la même ligne, tous en chapes et en mitre ; ceux de Soissons, d'Amiens, et de Senlis, vis-à-vis les trois premiers pairs, en rochet et en camail violet. Les pairs laïques avaient tous les mêmes habits et manteaux dont ils s'étaient revêtus au sacre et leur couronne sur la tête. Mais, Monsieur, représentant le duc de Bourgogne, était à la table du roi et à sa droite, et monseigneur le comte d'Artois, représentant le duc de Normandie, à sa gauche.

Toutes ces tables étaient servies aux dépens de la ville de Reims. On avait dressé pour la reine un balcon élevé

114

dans la salle, d'où avec les princesses et les dames de la cour pouvait commodément voir dîner le roi. Sur les trois heures de l'après-midi, le connétable, le grand-maître, les seigneurs qui avaient porté le sceptre et la main de justice, les capitaines des gardes et autres officiers, se rendirent à l'hôtel de ville, où ils furent traités à plusieurs tables aux dépens de la ville.

Nous terminerons le détail de cette auguste cérémonie du sacre, en ajoutant un beau trait de Sa Majesté, qui interrogée si elle voulait que suivant l'ancien usage, on tapissât les rues de Reims, répondit avec vivacité : " Je ne veux pas qu'il y ait rien entre mon peuple et moi qui nous empêche de nous voir," paroles mémorables, qui caractérisent d'autant mieux les sentiments paternels de cet illustre monarque.

Le lundi 12, le roi entendit la messe dans la chapelle du palais archiépiscopal, après laquelle les dames de la cour eurent l'honneur de lui rendre leurs respects.

Le mardi 13, le roi admit le clergé à le complimenter ; Sa Majesté fut ensuite à l'Abbaye de Saint-Nicaise, et en revenant elle posa la première pierre du collège de l'Université. L'après-midi de ce jour se fit la cérémonie des chevaliers du Saint-Esprit dont le roi fut reçu grand-maître souverain. Les commandeurs, chevaliers et officiers de l'Ordre, revêtus du grand habit de cérémonie, s'étant assemblés sur les trois heures après-midi dans l'appartement du roi, on se transporta à l'église métropolitaine, dans la marche ordinaire et avec la plus grande pompe, où après les vêpres, Sa Majesté ôta son capot de novice, et reçut des mains de l'archevêque la croix de l'Ordre du Saint-Esprit. A son retour, Sa Majesté tint chapitre, dans lequel elle nomma chevalier de ses ordres l'ancien évêque de Limoges, l'archevêque de Narbonne, le vicomte de la Rochefoucauld, le comte de Talleyrand, le marquis de Rochechouart, et le marquis de la Rocheaimon, qu'elle avait nommés pour ôtages de la sainte ampoule, et le vicomte de Talaru, qu'elle avait aussi nommé pour porter la queue de son manteau le jour de sa réception de grand-maître souverain de l'Ordre.

Le mercredi 14, le roi fut en cavalcade à l'Abbaye

de Saint-Rémy. Sa Majesté accompagnée de Monsieur, de Monseigneur le comte d'Artois, du duc d'Orléans, du duc de Chartres, du prince de Condé, du duc de Bourbon, et d'un grand nombre de seigneurs et de grands officiers, entendit la messe à cette abbaye, où elle fit ses dévotions des mains du cardinal de Rocheaimon. Elle toucha ensuite deux mille quatre cents malades des écrouelles dans le parc de l'abbaye et leur fit distribuer des aumônes. L'après-midi le roi fut se promener au cours, et alla de là au camp de ses gardes françaises et de ses gardes suisses. Le peuple qui était en foule, sur les pas de Sa Majesté, témoigna partout les transports de joie que lui inspirait la présence auguste et chérie de son maître.

Le vendredi 16, Sa Majesté repartit pour Compiègne avec Monsieur, monseigneur le comte d'Artois, et les autres princes qui l'avaient accompagné, et revint le lundi dix-neuf à Versailles.

Le vingt-huit à Paris, on chanta à la Cathédrale, un *Te Deum* en musique, en action de grâces du sacre du roi. L'archevêque y officia. Le garde des Sceaux, le conseil, et toutes les cours y furent invités ; et le même soir toute la ville témoigna sa joie à la même occasion par une illumination générale.

Mort de Turenne.—"Ce n'est plus moi, mon fils, c'est ce grand homme
qu'il faut pleurer."

LA REINE MARIE-ANTOINETTE

LA reine Marie-Antoinette, dont les malheurs égalèrent ceux de son royal époux, l'infortuné Louis XVI, entra en France sous les plus heureux auspices.

Voici le portrait de Marie-Antoinette lorsqu'elle devint la dauphine. Il est tiré des *Mémoires secrets de Bachaumont :*

" Cette princesse est d'une taille proportionnée à son âge, maigre sans être décharnée, et telle que l'est une jeune personne qui n'est pas encore formée. Elle est très-bien faite, bien proportionnée dans tous ses membres. Ses cheveux sont d'un beau blond ; on juge qu'ils seront un jour d'un châtain cendré : ils sont bien plantés. Elle a le front beau, la forme du visage d'un ovale beau, mais un peu allongé, les sourcils aussi bien fournis qu'une blonde peut les avoir. Ses yeux sont bleus, sans être fades, et jouent avec une vivacité pleine d'esprit, son nez est aquilin, un peu effilé par le bout ; sa bouche est petite ; ses lèvres sont épaisses, surtout l'inférieure qu'on sait être la lèvre autrichienne. La blancheur de son teint est éblouissante, et elle a des couleurs naturelles qui peuvent la dispenser de mettre du rouge. Son port est celui d'une archiduchesse ; mais sa dignité est tempérée par sa douceur, et il est difficile, en voyant cette princesse, de se refuser à un respect mêlé de tendresse."

Et les petits vers qu'on fit courir à cette époque (1770), montrent bien cette tendresse populaire.

> Ce qu'il sent, hautement le Français le publie.
>> Laissez lui la sincérité,
>>> En est-il un qui ne s'écrie :
>> " Cette dauphine, en vérité
>>> Nous l'aimons tous à la folie."

PAGES D'HISTOIRE

Quand la dauphine devint la reine (1774), elle montra qu'elle possédait de véritables qualités de souveraine. Ces qualités allaient de pair avec ses qualités privées d'épouse et de mère.

Les temps troublés d'alors, permirent à quelques scandales de se faire jour, mais les historiens s'accordent pour rendre hommage aux vertus de la reine, dont les seuls défauts furent peut-être un penchant trop décidé pour les amusements et un peu d'arrogance.

Avec ses enfants, elle se montra toujours une mère non seulement dévouée mais soucieuse de préparer à la France un roi qui n'ignorât rien de ses devoirs envers le peuple. Si le dauphin avait régné sous le nom de Louis XVII, nul doute qu'il n'eût fait oublier par sa fermeté, son intelligence, les faiblesses du règne de son père, le roi Louis XVI.

Cependant quel sujet de méditations : la reine Marie-Antoinette entourée des enfants de France, environnée de tout le luxe et de toute la majesté que l'ancien régime départissait aux princes.

Puis, soudain le tableau change. Le peuple conquiert les droits de l'homme. Les souverains sont menacés. La reine n'est plus qu'une pauvre et auguste prisonnière défendant au Temple, les derniers vestiges des droits et prérogatives du dauphin, son fils. Enfin, la voilà sur l'échafaud, elle meurt en héroïne ou plutôt comme une sainte, poursuivie par les cris et les insultes des tricoteuses, ces furies de la révolution. Son fils, livré aux mains infâmes du cordonnier Simon devait périr misérablement, sans que l'on soit encore d'accord sur les circonstances exactes de sa mort au Temple, car nombreux sont ceux qui croient à une évasion. Mais l'énigme de la mort du dauphin qui devait règner sous le nom de Louis XVII, ne sera peut-être jamais résolue !

.   .   .   .

LA REINE MARIE-ANTOINETTE

Louis XVI avait l'instinct des nécessités de son époque. Il encouragea, comme ses prédécesseurs, les arts, et surtout les sciences, qui commençaient à briller d'un éclat tout nouveau.

Montgolfier, un chimiste, eut l'honneur d'inventer les ballons, et cette invention est aujourd'hui encore à l'ordre du jour. On peut dire que depuis les montgolfières, la conquête de l'air a été l'un des buts principaux de l'activité humaine. Elle est entrée dans une phase toute nouvelle par l'invention des aéroplanes. Comme elle sera d'une conséquence très-grande, pour l'humanité de l'avenir, en bouleversant les moyens de transports, on ne manquera point de trouver de l'intérêt au récit de la première ascension faite par Pilâtre de Rosier, qui est ainsi le premier aéronaute.

LA PREMIÈRE ASCENSION AÉRIENNE
(1782)

(D'APRÈS UN JOURNAL DU TEMPS)

LA machine [1] fut rapportée au faubourg Saint-Antoine ; on en augmenta les dimensions jusqu'à 64 pieds de long et 46 de diamètre, sa capacité devint de 60,000 pieds cubes. Elle pesait 1200 livres, avec la galerie destinée à porter les hommes, et pouvait enlever 5 à 600 livres de plus que son poids.

M. Pilâtre de Rozier, directeur du musée de la rue Saint-Avoie, et physicien connu, pénétré d'un noble et courageux enthousiasme pour cette découverte, et qu'on doit regarder comme le premier voyageur aérien, avait déjà demandé, le 30 août, à l'Académie des Sciences, la permission de monter dans la machine qu'on faisait. Enfin, le 15 octobre, il se fit enlever, à 5 heures 21 minutes, jusqu'à 80 pieds de hauteur, c'est-à-dire, jusqu'à la longueur des cordes qui retenaient alors la machine ; il resta en station 4 minutes et 25 secondes, et la machine descendit ensuite très-lentement.

Le vendredi 17 octobre, on répéta les mêmes expériences. L'empressement et l'affluence furent extrêmes ; mais un vent contraire s'éleva et, quoique M. Rozier fût enlevé à peu près à la même hauteur que le mercredi, la machine fut fatiguée et se soutint moins en l'air.

Dimanche 19, à 4 heures et demie, les expériences réussirent encore plus complètement et en présence de plus de deux mille personnes. La machine fut remplie de gaz en 5 minutes avec cinq bottes de paille. Elle enleva M. de Rozier avec un poids de 100 livres de l'autre côté pour faire

---

[1] Les premiers ballons, ancêtres de nos aéroplanes, furent appelés Montgolfières, du nom de Montgolfier, leur inventeur.

122

LA PREMIÈRE ASCENSION AÉRIENNE

équilibre, à la hauteur de 200 pieds, et elle se soutint 6 minutes
en station, sans feu dans le réchaud. La même expérience
fut répétée avec le réchaud et du feu. La machine, portant
M. de Rozier, fut enlevée à 250 pieds et se soutint 8 minutes
et demie. Comme on la retirait, un vent d'est la porta sur
une touffe d'arbre, où elle s'embarrassa sans perdre l'équilibre.
L'on renouvela le gaz, et elle se retira d'elle-même, en
s'élevant pompeusement dans l'air au bruit des acclamations
publiques.

La machine s'éleva une troisième fois avec M. de Rozier
et un compagnon de voyage, M. Giroud de Villette, jusqu'à
la longueur entière de la corde verticale, qui avait 324 pieds,
et elle se soutint à cette hauteur, dans le plus parfait équilibre,
pendant 9 à 10 minutes ; plusieurs personnes affirment même
qu'elle fut en station près d'un quart d'heure ; mais M. de
Faujas ne compta que 9 minutes à sa montre.

M. le Marquis d'Arlandes, chevalier de Saint-Louis et
major d'infanterie, monta ensuite avec M. de Rozier, et la
machine se soutint en l'air 8 minutes et demie.

Enfin, le 21 novembre, au château de la Muette, on fit
la première expérience à ballon perdu, en présence de M. le
dauphin et d'une partie de la cour. La machine fut remplie
en 8 minutes, elle partit à 1 heure 54 minutes. M. de Rozier
et M. d'Arlandes étant montés dans la galerie, on la vit
s'élever de la manière la plus majestueuse, et lorsqu'elle fut
parvenue à environ 250 pieds de hauteur, les intrépides
voyageurs, baissant leur chapeau, saluèrent les spectateurs.
On ne put s'empêcher d'éprouver alors un sentiment de
crainte et d'admiration. Tout le monde applaudit à leur
courage et à *l'idée heureuse et sublime de M. Montgolfier, qui
procurait un spectacle aussi extraordinaire au public.* Bientôt
on cessa de distinguer les navigateurs aériens ; mais la
machine planant sur l'horizon et étalant sa plus belle forme,
s'éleva à 344 toises, suivant l'observation de M. l'Abbé
Rochou. Elle traversa la Seine au-dessus de la barrière de
la Conférence, et passant de là entre l'Ecole Militaire et
l'Hôtel des Invalides, elle fut vue de tout Paris.

PAGES D'HISTOIRE

Les voyageurs, satisfaits de leur expérience, craignant que les étincelles qui passaient par les petits trous et qui tombaient sur la partie inférieure de la toile ne vinssent à attaquer les cordes qui les soutenaient, se concertèrent pour descendre; mais s'apercevant que le vent les portait sur les maisons de la rue de Sèvres, faubourg Saint-Germain, ils développèrent du gaz, ils s'élevèrent de nouveau et continuèrent leur route en l'air, jusqu'à ce qu'ils eussent dépassé Paris. A 2 heures 5 minutes, ils passèrent sur l'Observatoire royal, étant déjà descendus de beaucoup, et ils se placèrent tranquillement, vers 2 heures 7 minutes, sur la Butte-aux-Cailles, au delà du nouveau boulevard, 250 toises au sud-est du moulin de Croulebarbe, qui est derrière les Gobelins, sur la Bièvre, sans avoir éprouvé la plus légère incommodité, ayant encore dans leur galerie les deux tiers de leur approvisionnement ou 14 bottes de paille sur 21. Ils pouvaient donc, s'ils l'eussent désiré, franchir encore un espace double de celui qu'ils ont parcouru. Leur route nous paraît de 3200 toises en ligne droite, mais ils ont fait divers détours, par les changements de vent, et le temps qu'ils ont employé est d'environ 17 minutes. Ils auraient pu aller jusqu'au delà de Choisy, vers Boneuil-sur-Marne, faisant 6 lieues par heure, en trois quarts d'heure de temps; avec cette paille, dont l'effet principal était de raréfier l'air dans l'intérieur du ballon, pour le rendre spécifiquement plus léger que l'air ordinaire; car c'est à la chaleur seule qu'on doit attribuer cet effet, suivant les expériences de M. de Saussure, qui ont confirmé à cet égard l'opinion qu'avaient déjà les physiciens. C'est ici la première fois que les hommes ont plané dans les airs; aussi l'on ne peut exprimer l'admiration dont tous les spectateurs étaient frappés : il semblait voir les dieux de l'antiquité portés sur des nuages. Les fables se sont réalisées par les prodiges de la physique et par l'invention heureuse de M. Montgolfier. On se propose d'élever une pyramide à l'endroit de l'arrivée de nos premiers voyageurs.

•   •   •   •   •   •   •

124

LA PREMIÈRE ASCENSION AÉRIENNE

Louis XVI ne sut pas accorder à temps les libertés à son peuple et après les lui avoir refusées, il dut lui accorder beaucoup plus.

La révolution éclata, la prise de la Bastille le 14 juillet 1789 assura la victoire du populaire.

Puis la Convention gouverna la France, et le roi ayant tenté de fuir, on le ramena à Paris où l'on fit son procès que l'histoire n'a point ratifié, car Louis XVI était un roi faible mais un roi dont le cœur débordait de bonté.

Le premier acte de la République française fut de guillotiner le roi et la reine. On ne peut oublier que la République anglaise de Cromwell fit également guillotiner le roi Charles.

Voilà quels désordres amènent les révolutions. Celle de 1789 eut cependant pour résultat de faire reconnaître les droits de l'homme. La France parût aux yeux des peuples, la grande libératrice. En France, l'enthousiasme se réveilla et mal vêtus, mal nourris, nos soldats remportaient victoire sur victoire.

MORT DU ROI LOUIS XVI

Louis XVI parut devant l'assemblée des représentants avec un front calme ; il était assisté de ses défenseurs, Malesherbes, Tronchet, et de Sèze. Ce dernier, chargé de prendre la parole, parla avec force de l'inviolabilité de la personne du roi ; il déclara avec raison que si on refusait à Louis XVI les droits du roi, il était juste qu'on lui laissât ceux de citoyen. Il ajouta avec une hardiesse qui ne rencontra qu'un silence profond, qu'il cherchait partout des juges et ne trouvait que des accusateurs. Il discuta ensuite les faits qu'on reprochait au roi et termina par ces mots :

" Louis était monté sur le trône à vingt ans ; et à vingt ans il donna sur le trône l'exemple des mœurs ; il n'y porta aucune faiblesse coupable, ni aucune passion corruptrice ; il y fut économe, juste, sévère, et il s'y montra toujours l'ami constant du peuple. Le peuple désirait la destruction d'un impôt désastreux qui pesait sur lui, il le détruisit ; le peuple demandait l'abolition de la servitude, il commença par l'abolir lui-même dans ses domaines ; le peuple sollicitait des réformes dans la législation criminelle pour l'adoucissement du sort des accusés, il fit ces réformes ; le peuple voulait que des milliers de Français que la rigueur de nos usages avait privés jusqu'alors des droits qui appartiennent aux citoyens, acquissent ces droits ou les recouvrassent, il les en fit jouir par ses lois ; le peuple voulut la liberté, il la lui donna ! Il vint même au devant de lui par ses sacrifices. Et cependant, c'est au nom de ce même peuple qu'on demande aujourd'hui

. . . Citoyens, je n'achève pas . . . Je m'arrête devant l'histoire ; songez qu'elle jugera votre jugement, et que le sien sera celui des siècles ! "

Après la plaidoirie, le roi fut reconduit au Temple, et un

Louis XIV.—Il ordonne la construction du Château de Versailles.

violent orage s'éleva au sein de l'assemblée. Lanjuinais s'élança à la tribune, et au milieu des cris provoqués par son intervention, il demande l'annulation de la procédure. Il s'écria qu'il ne fallait pas déshonorer l'assemblée par des férocités d'un autre temps, en lui faisant juger le roi, que personne n'avait ce droit en France et que l'assemblée particulièrement n'avait aucun titre pour le faire. Les Girondins, et tout d'abord, l'éloquent Vergniaud, leur principal orateur, proposèrent avec force l'appel au peuple, qui fut repoussé par Robespierre, Saint-Just, Barrère, et tout le parti de la Montagne.

La discussion se prolongea depuis le 27 décembre 1792 jusqu'au 7 janvier suivant. Le 14 janvier fut fixé pour le vote définitif.

L'assemblée se composait de sept cent cinquante-neuf membres ; six cent quatre-vingt-trois d'entre eux déclarèrent Louis XVI coupable de conspiration contre la liberté de la nation et d'attentats contre la sûreté générale de l'Etat.

L'appel nominal pour la question décisive, celle de l'application de la peine, dura toute la nuit du 16 et toute la journée du 17, au milieu d'une agitation menaçante qui se manifestait fréquemment dans les tribunes. Sept cent vingt-et-un députés étaient présents à cette séance ; la majorité absolue était de trois cent soixante-et-une voix, il y eut trois cent soixante-et-une voix pour la mort sans condition. Les autres voix s'étaient partagées entre le bannissement, les fers, et la mort avec sursis.

Alors Vergniaud, qui présidait en ce moment l'assemblée, déclare, avec l'accent de la douleur, que *la peine prononcée contre Louis XVI est la mort.*

Louis XVI attendait depuis quatre jours ses défenseurs et demandait à les voir. Le 20 janvier, à deux heures de l'après-midi, il entend le bruit d'un cortège nombreux ; il s'avance et aperçoit les envoyés du conseil exécutif. Il s'arrête avec dignité sur la porte de sa chambre, et ne parût point ému. On lui annonce qu'on vient lui communiquer les décrets de la Convention. Le premier de ces décrets déclare Louis XVI coupable d'attentat contre la sûreté générale de l'Etat ; le second le condamne à mort ; le troisième rejette tout appel au peuple ; le quatrième enfin ordonne l'exécution sous vingt-quatre heures. Louis promenant sur tous ceux qui l'entouraient un regard tranquille, prit l'arrêt, le mit dans sa poche, et lut à Garat, ministre de la justice, une lettre dans laquelle il demandait à la Convention trois jours pour se préparer à la mort, un confesseur pour l'assister dans ses derniers moments, la faculté de voir sa famille, et la permission pour elle de sortir de France.

Garat se chargea de remettre sur le champ cette lettre à la Convention, et le roi entra avec beaucoup de calme, demanda à dîner et mangea comme à l'ordinaire. Comme on avait retiré les couteaux et qu'on refusait de lui en donner : "Me croit-on assez lâche," dit-il avec dignité, "pour attenter à ma vie ? Je suis innocent, et je saurai mourir sans crainte."

Il acheva son repas sans couteau, rentra dans son appartement, et attendit avec sang froid la réponse à sa lettre. La Convention refusa le sursis, mais on accorda toutes les autres demandes. Garat envoya chercher l'Abbé Edgeworth de Firmont, le prêtre que Louis XVI avait choisi sur la recommandation de Madame Elizabeth. En apprenant le rejet de la demande du sursis, le malheureux prince montra une magnanimité si tranquille, que le ministre qui lui apportait cette triste nouvelle, en fut surpris et touché.

Quand l'Abbé Edgeworth eut été introduit auprès de l'auguste condamné, il voulut se jeter à ses pieds, mais le roi l'en empêcha. Puis il lui demanda avec une vive curiosité des nouvelles du clergé de France, de plusieurs évêques, et surtout de l'archevêque de Paris, et le pria d'assurer ce dernier prélat qu'il mourait fidèlement attaché à l'église catholique, apostolique, et romaine.

Il était huit heures du soir. Le roi pria l'Abbé Edgeworth de l'attendre, et sortit avec émotion pour aller voir sa famille. Les municipaux ne voulant pas perdre de vue la personne du roi, avaient décidé qu'il verrait sa famille dans la salle à manger, qui était fermée par une porte vitrée, à travers laquelle on pouvait apercevoir tous ses mouvements sans entendre ses paroles.

Le roi s'y rendit, et fit placer de l'eau sur une table pour secourir les princesses, si elles venaient à perdre connaissance. Il attendit avec anxiété le moment de cette douloureuse et dernière entrevue.

A huit heures et demie, la porte s'ouvrit ; la reine tenant le dauphin par la main, Madame Elizabeth, Madame Royale, se précipitèrent dans les bras de Louis XVI, en versant des torrents de larmes.

La porte fut fermée, et ce ne fut pendant le premier moment qu'une scène déchirante de confusion et de désespoir. Enfin, la conversation devint plus calme, et les princesses tenant toujours le roi embrassé, lui parlèrent quelque temps à voix basse. Après un entretien assez long, interrompu fréquemment par des moments de silence et d'abattement, Louis XVI se leva pour s'arracher à cette pénible situation, et promit à la reine et à Madame Elizabeth de les revoir le lendemain matin, à huit heures. A minuit, il se coucha en recommandant à Cléry, son valet de chambre, de le réveiller à cinq heures.

"Le lendemain, 21 janvier," dit M. Thiers, "cinq heures avaient sonné au Temple. Le roi s'éveille, appelle Cléry, lui demande l'heure et s'habille avec beaucoup de calme. Il s'applaudit d'avoir retrouvé ses forces dans le sommeil.

"Cléry allume du feu, transporte une commode dont il fait un autel. M. Edgeworth se revêt des ornements pontificaux, et commence à célébrer la messe ; Cléry la sert, et le roi l'entend à genoux, avec le plus grand recueillement. Il reçoit ensuite la communion des mains de M. Edgeworth. Après la messe il se lève plein de forces, et attend avec calme le moment d'aller à l'échafaud. Bientôt il demande des ciseaux pour couper ses cheveux lui-même et se soustraire à cette humiliante opération faite de la main des bourreaux, mais la commune les lui refuse par défiance."

Le roi ne cessa d'être admirable et sa conduite fut celle d'un héros et d'un martyr.

PAGES D'HISTOIRE

"Dans ce moment," dit encore M. Thiers, "le tambour battait dans la capitale. Tous ceux qui faisaient partie des sections armées, se rendaient à leurs compagnies avec une complète soumission ; ceux qu'aucune obligation n'appelait à figurer dans cette terrible journée, se cachaient chez eux. Les portes, les fenêtres étaient fermées, et chacun attendait chez soi la fin de ce triste évènement. On disait que quatre ou cinq cents hommes dévoués devaient fondre sur la voiture et enlever le roi. La Convention, la Commune, le conseil exécutif, les jacobins étaient en séance.

" A huit heures du matin, Louis XVI entendant le bruit, se lève et se dispose à partir. Il n'avait pas voulu revoir sa famille, pour ne pas renouveler la triste scène de la veille. Il chargea Cléry de faire pour lui ses adieux à sa femme, à sa sœur, et à ses enfants ; il lui donna un cachet, des cheveux et divers bijoux, avec condition de les leur remettre. Il lui serre ensuite la main en le remerciant de ses services. Après cela il s'adresse à un des municipaux, en le priant de remettre son testament à la commune. Ce municipal était un ancien prêtre nommé Jacques Roux, qui lui répond brutalement qu'il est chargé de le conduire au supplice, et non de faire ses commissions. Un autre s'en charge, et Louis se retournant vers le cortége donne avec assurance le signe du départ."

Tant de grandeur d'âme ne sauraient être trop admiré, et le récit des derniers moments de Louis XVI n'a pas son égal dans l'histoire romaine si abondante en traits sublimes.

"Des officiers de gendarmerie," continue M. Thiers, " étaient placés sur le devant de la voiture ; le roi et M. Edgeworth étaient assis dans le fond. Pendant la route, qui fut assez longue, le roi lisait dans le bréviaire de M. Edgeworth, les prières des agonisants, et les deux gendarmes étaient confondus de sa piété et de sa résignation tranquille. Ils avaient, dit-on, la mission de le frapper si la voiture était attaquée. Cependant, aucune démonstration hostile n'eut lieu depuis le Temple jusqu'à la place de la Révolution. Une multitude armée bordait la haie ; la voiture s'avançait lentement et au milieu d'un silence universel.

132

MORT DU ROI LOUIS XVI

" Sur la place de la Révolution, un grand espace avait été laissé vide autour de l'échafaud. Des canons environnaient cet espace ; les fédérés les plus exaltés étaient placés autour de l'échafaud, et la vile populace toujours prête d'outrager le génie, la vertu, le malheur, quand on lui en donne le signal, se pressait derrière les rangs des fédérés, et donnait seule quelques signes extérieurs de satisfaction, tandis que partout on ensevelissait au fond de son cœur les sentiments qu'on éprouvait. A dix heures dix minutes, la voiture s'arrête. Louis XVI se levant avec force, descend sur la place. Trois bourreaux se présentent ; il les repousse et se déshabille lui-même. Mais, voyant qu'ils voulaient lui lier les mains, il éprouve un mouvement d'indignation et semble prêt à se défendre. M. Edgeworth dont toutes les paroles furent alors sublimes, lui adresse un dernier regard et lui dit : " Souffrez cet outrage comme une dernière ressemblance avec le Dieu qui va être votre récompense." A ces mots, la victime, resignée et soumise, se laisse lier et conduire à l'échafaud. Tout-à-coup Louis fait un pas, se sépare des bourreaux et s'avance pour parler au peuple. "Français," dit-il d'une voix forte, " je meurs innocent des crimes que l'on m'impute, je pardonne aux auteurs de ma mort, et je demande que mon sang ne retombe pas sur la France." Il allait continuer, mais aussitôt l'ordre de battre est donné aux tambours ; leur roulement couvre la voix du prince, les bourreaux s'en emparent, et M. Edgeworth lui dit ces paroles : " *Fils de Saint-Louis, montez au ciel.*"

Ainsi mourut le roi de France Louis XVI. Bon, honnête, de mœurs pures, animé d'excellentes intentions, il avait voulu sincèrement le bien du peuple et s'était montré partisan des réformes. Mais son caractère en trop de circonstances avait été faible et souvent l'indécision de son esprit compromit le résultat des mesures utiles. Louis XVI avait toutes les qualités de l'homme privé ; il n'avait peut-être pas toutes celles qu'eût exigé son *métier* de roi. Il faut ajouter qu'au début de son règne il était aimé du peuple. Il s'appelait lui-même Louis le Législateur, et un matin on

PAGES D'HISTOIRE

avait trouvé sur la statue d'Henri IV ces mots tracés par une main inconnue : " Il est ressuscité."

. . . .

Après l'époque qu'on a appelée la *Terreur* pendant laquelle les têtes des royalistes tombaient chaque jour sous le couteau de la guillotine, il s'installa un gouvernement plus humain, mais futile, le Directoire sous lequel se révéla un capitaine de génie, du nom de Napoléon Bonaparte, jeune Corse, qui allait devenir Empereur et qui fut le plus grand homme de guerre de tous les temps.

Il se distingua d'abord en commandant l'artillerie au siège de Toulon, enfin en 1796 le Directoire le nomma général en chef de l'armée d'Italie, et il commença aussitôt cette fameuse campagne qui le rendit illustre.

ARCOLE ET RIVOLI (1796-1797)

L'Autriche envoie contre le Général Bonaparte une nouvelle
armée commandée par un général expérimenté, Wurmser.

Wurmser divise ses forces, son armée était séparée par
le Lac de Garde. Bonaparte profite de ses fautes. Par une
série de manœuvres rapides, il transporte son armée successivement contre les deux parties de l'armée de Wurmser, et
les victoires de Lonato, de Castiglione (3 et 5 août 1796),
rejettent l'ennemi dans le Tyrol. Wurmser rallie ses troupes
et reforme une troisième armée. Mais Bonaparte s'attache
à lui, le défait encore à la journée de Bassano (8 septembre
1796), et le force à revenir s'enfermer dans Mantoue.

Un autre général autrichien, Alvinzy, descend de la
vallée du Danube avec 60,000 hommes. L'armée de Bonaparte, épuisée par ses succès mêmes est réduite à une poignée
de soldats ; la situation devient difficile. Placée à Vérone,
elle voit Alvinzy s'établir en face sur les hauteurs du Caldiero,
et se retrancher derrière une artillerie formidable. Bonaparte tente l'assaut. Il échoue, tout semble perdu, les
partisans de l'Autriche ne dissimulaient pas leur joie. L'Italie
semblait devoir être encore, comme au XV et au XVI siècles,
le tombeau des français.

Un soir le tambour bat, on prend les armes ; mais à la
grande surprise des habitants et de la troupe, l'ordre est
donné de sortir par la porte de Milan. Aussi longtemps que
l'on défile dans les rues de Vérone, l'armée est saisie d'une
douloureuse émotion. On fait donc retraite, on livre donc
l'Italie aux Impériaux victorieux ! Mais, à peine la porte
franchie, la tête de colonne tourne à gauche, et on descend
en silence, les bords du fleuve jusqu'à Ronco où l'on passe
l'Adige, le plan de Bonaparte se dévoile, la confiance renaît

dans les cœurs. L'ennemi était tourné, le combat allait s'engager dans des marais où les têtes de colonnes seules pouvaient se heurter, et où la valeur devait l'emporter sur le nombre.

Comme Alvinzy cherchait à s'expliquer qui pouvait l'attaquer dans ce marais réputé inaccessible, il apprit que le village d'Arcole était sérieusement menacé. Dès lors, il mesure le péril, et quittant les hauteurs de Caldiero, envoie son armée sur les digues qui traversent les marais. Le pont d'Arcole est le passage par où doivent déboucher les Français. C'est là que se porte l'action.

Augereau cherche à l'enlever ; il est repoussé ; l'attaque se renouvelle et Bonaparte survient : "Il veut enlever Arcole," raconte M. de Norvins, "mais l'ennemi résiste à tous les efforts. Il ordonne alors un dernier assaut, et voit sa colonne de grenadiers, prise en flanc, s'arrêter indécise sous la mitraille. A ce moment terrible, le Général Bonaparte descend de cheval, saisit un drapeau, et s'élançant seul sur le pont : *Soldats !* s'écrie-t-il, *n'êtes-vous plus les braves de Lodi ? suivez-moi !*—A sa voix quelques-uns montent sur la chaussée et marchent en avant ; mais le trouble règne à la queue de la colonne, dont la tête seule suit le mouvement qui lui est imprimé. Bonaparte, le drapeau à la main, s'avance à travers une grêle de balles, de mitraille, entouré de ce fameux état-major qui doit donner à l'armée ses plus illustres généraux. Lannes le couvre de son corps, et reçoit trois blessures. Muiron, qui l'a déjà sauvé au siège de Toulon est tué devant lui."

Arcole enfin est emporté. Alvinzy bat en retraite après deux jours de combats acharnés, de nombreuses colonnes de prisonniers, un grand nombre de trophées défilèrent au milieu du camp. Bonaparte, à la stupéfaction des habitants rentra à Vérone par la porte opposée à celle par laquelle il était sorti.

Les Français avaient détruit quatre armées en huit mois. Une cinquième arrive, conduite encore par Alvinzy. Elle descend le long de l'Adige en deux colonnes. Bonaparte

Le règne de Louis XVI.- Marie Antoinette et les enfants royaux.

ARCOLE ET RIVOLI

l'arrête au plateau de Rivoli (14 janvier 1797), empêche les
deux colonnes de se réunir et les écrase.

" Les légions romaines," écrivait Napoléon au Directoire,
"faisaient vingt-quatre milles par jour ; les français en font
trente et se battent dans l'intervalle."

Après avoir vaincu l'Egypte, Bonaparte voulut dompter
l'Angleterre. Afin de la frapper dans son commerce, le
Général Bonaparte fit décider l'expédition d'Egypte. Il prit
l'île de Malte, débarqua auprès d'Alexandrie, s'en empara,
traversa le désert et battit les Mameluks.

Il faut ajouter que la conquête de l'Egypte fut utile à
l'esprit humain, car Bonaparte avait embarqué avec lui des
savants qui organisèrent l'*Institut d'Egypte* pour l'étude des
monuments antiques de ce pays.

.   .   .   .   .   .

Cependant, après avoir remarquablement organisé
l'Egypte, Bonaparte vit sa flotte détruite en rade d'Aboukir.

Bonaparte enfermé en Egypte, tenta d'en sortir par la
Syrie et gagna sur les Turcs la victoire du Mont-Thabor.
Il nourrissait ainsi le dessein de créer, non seulement un
empire occidental, mais encore un empire d'Orient. Ces
rêves furent contredits par les évènements. Bonaparte
échoua au siège de Saint-Jean-d'Acre. Il dut revenir en
Egypte, d'où il s'embarqua pour la France.

Voici un récit de ce siège recueilli de la bouche d'un
vétéran qui y avait assisté.

SAINT-JEAN-D'ACRE

RÉCIT D'UN INVALIDE RECUEILLI PAR ÉMILE MARCO DE SAINT-HILAIRE

" Sᵢ Saint-Jean-d'Acre était tombé," a dit Napoléon à Sainte-Hélène, " j'eusse changé la face du monde ! . . ." Puis, après un moment d'amères réflexions, il ajouta : " Le sort de l'Orient était tout entier dans cette bicoque."

Dans cette marche si rapide sur Saint-Jean-d'Acre, qui commença le 14 mars 1799, toujours en côtoyant la mer, l'armée n'eut ni de grands triomphes à enregistrer, ni de nombreux obstacles à vaincre, comme on s'est plu à le dire dans quelques relations que j'ai lues depuis ; tout se borna à une échauffourée du Général Lannes, qui, malgré les ordres contraires du général en chef, s'obstina à poursuivre une troupe de montagnards dans les gorges de Naplouse. En se retirant, Lannes trouva une partie de ces hordes à demi sauvages embusquées sur des rochers dont elles seules connaissaient les détours, et d'où elles tiraient presque à bout portant sur sa troupe, sans qu'elle pût ni riposter, ni même se défendre. Tout le temps que cette folle expédition dura, Bonaparte, qui entendait la fusillade, témoigna une impatience extrême ; sa mauvaise humeur, cette fois, était assez légitime. Enfin les Naplousins s'étant arrêtés au débouché de la montagne, Lannes reparut, et le général en chef, après lui avoir adressé de vifs reproches, lui dit, entre autres choses :

" Pourquoi s'aventurer ainsi sans utilité ? Pourquoi faire sacrifier sans but de braves gens ? Cela n'a pas le sens commun : je te reconnais bien là ! "

« Mais, citoyen général, ces parpaillots m'ont bravé. »

« Eh bien ! Qu'est-ce que cela fait ? »

« J'ai voulu les corriger et leur faire voir . . . »

« Ton dos, » interrompit vivement Bonaparte. « Est-ce que nous sommes en état de faire de pareilles bravades ? »

« Mais encore une fois, citoyen général, reprit Lannes, un peu piqué de l'expression, j'ai voulu leur prouver que nous n'étions pas des soldats du pape, nous ! et que nous n'avions pas peur de nous faire tuer. »

« Belle avance ! » s'exclama Bonaparte. « Eh fichtre ! je le sais bien, que tu n'as pas peur : tu n'as pas besoin de preuves, toi !   N'en parlons plus. »

Ces derniers mots, dits par le général en chef d'un ton qui indiquait assez qu'il voulait être obéi, mirent fin à la discussion.

Zéta, où nous couchâmes le 16, n'offrit aucune ressource. Tandis qu'on dressait les tentes, Bonaparte parût intrigué d'entendre en mer une canonnade qui semblait assez vive.

« Encore ! » fit-il avec un mouvement d'impatience ; et, comme je me trouvais à l'entrée de sa tente, il me dit :

« Lemié, monte à cheval tandis qu'il fait encore jour, et cours jusqu'au rivage voir ce que c'est que cette musique. »

Avec un homme comme Napoléon, il fallait que les ordres qu'il donnait fussent exécutés aussi vite que la pensée. En peu de temps j'eus franchi l'espace qui nous séparait de la mer ; mais à mesure que je m'approchais du rivage, le bruit s'éloignait, et lorsque j'arrivai, je ne vis rien qu'un ciel de feu et une mer tranquille qui avait rejeté des cadavres sur la plage. Craignant que cette canonnade ne fût l'annonce d'un triste évènement, à mon retour j'eus la hardiesse de le dire à Bonaparte, qui en haussa les épaules, et me répondit d'un ton sec, en me tournant le dos brusquement :

« M. Lemié, je vous engage à aller faire boire votre cheval. »

Bien que le général en chef se rendît familier avec la plupart de ses soldats, ceux surtout qui avaient fait avec lui les dernières campagnes d'Italie, cela ne l'empêchait pas de rappeler sévèrement à l'ordre ceux-même de ses guides qui ne savaient pas être circonspects ; mais cette familiarité avait quelque chose de digne, qui faisait qu'ils étaient fiers et heureux lorsque Bonaparte leur adressait la parole, ne fût-ce même que pour faire un léger reproche : car, dans ce cas, c'était encore une marque d'intérêt. Je sentis parfaitement que j'avais outrepassé ma mission en me permettant d'émettre mon avis, quoique malheureusement je ne me trompasse pas. Je me tins donc pour averti, et prenant mon cheval par la bride, j'allai sans mot dire à notre bivouac, où je profitai, pour mon propre compte, de la recommandation que le général en chef n'avait faite que pour ma monture.

En entrant en Syrie, Napoléon, dont la prévoyance embrassait toutes les difficultés, avait donné l'ordre au général de brigade Marmont de lui expédier par quelques bricks les munitions de guerre dont il avait besoin pour le siège. La fatalité voulut que ce petit convoi, commandé par un certain capitaine Stendeley, tombât au pouvoir des Anglais. Il fallut songer à faire le siège de la place avec les seuls moyens qu'offraient l'artillerie et les munitions que nous avions emportées avec nous. Telle avait été la cause de la canonnade entendue l'avant-veille.

Le 18, l'armée arriva devant Saint-Jean-d'Acre, et commença d'établir son camp au nord de la ville. Le général en chef se posta pendant plusieurs heures sur une petite hauteur qui domine cette grande cité, à mille toises environ de distance. L'ennemi, qui aperçut l'état-major, sans attendre au lendemain, essaya sur lui l'habileté de ses canonniers. Les bombes furent lancées si juste qu'une d'elles s'enterra à trois pas de Bonaparte, entre deux de ses aides-de-camp, le capitaine Merlin et notre commandant Eugène Beauharnais.

"Pas trop mal pointé," dit le général en souriant ; "il semblerait que ces gaillards-là ont été à notre école."

Il ne croyait pas si bien dire, comme on le verra bientôt.

SAINT-JEAN-D'ACRE

Mais à peine nous étions-nous éloignés de quelques pas, qu'une autre bombe alla tomber, en crevant à un pied de terre, au milieu d'un groupe de soldats tranquillement assis sur l'herbe et occupés à préparer leur déjeûner ; d'onze qu'ils étaient, pas un seul ne survécut.

Saint-Jean-d'Acre est situé à la pointe d'une langue de terre fortifiée du côté de la mer par des batteries de gros calibre, et par un pharillon que protégeaient aussi plusieurs pièces de canon. L'enceinte du côté de la terre se composait d'une haute muraille coupée par une tour chargée de pièces d'artillerie de tout calibre. Cette tour était appelée à juste titre la *Tour maudite*. De petits jardins entouraient la place dans une assez grande étendue, et comme ils étaient tous formés par des cactus, ces hautes plantes si communes en Egypte, on eut assez de peine, lorsqu'on voulut reconnaître les abords de la place, à repousser les tirailleurs turcs qui, à notre arrivée, s'étaient embusqués derrière ces espèces de palissades mouvantes, et n'avaient cessé de tirer sur nous et de nous harceler.

Après avoir battu cette tour saillante pendant plusieurs jours, elle se trouva être percée, et la brèche parût assez considérable pour que l'on crût possible d'y loger quelques mineurs avec un officier d'état-major. Les troupes s'ébranlèrent pour s'élancer au pied de la tour ; mais elles se trouvèrent brusquement arrêtées par un fossé de quinze pieds de largeur sur dix de hauteur, revêtu d'une bonne contrescarpe, et auquel, chose incroyable, personne n'avait songé jusqu'alors. Il fallut donc faire sauter cet ouvrage ; et le jeune de Mailly de Château-Renaud, un des officiers de l'état-major de l'adjudant-général Berthier, fut chargé de pénétrer dans la Tour maudite ; une douzaine de mineurs se logèrent avec lui, afin de travailler à la percer, en attendant que l'infanterie pût se rendre maîtresse du fossé. L'intrépide jeune homme et ses douze soldats exécutèrent parfaitement leur mission ; mais l'ennemi fit un feu tellement vif et si bien soutenu sur nos troupes, que celles-ci se virent obligées d'abandonner le fossé, et le brave de Mailly avec ses mineurs furent étranglés pendant la nuit.

Déjà précédemment, et avant que nous fussions arrivés devant la place, le frère aîné du malheureux de Mailly avait été envoyé par Bonaparte à Saint-Jean-d'Acre, porteur de paroles de paix à Djezzar pacha. A son arrivée, ce jeune homme avait été traité comme prisonnier de guerre, et provisoirement enfermé dans le pharillon de la place avec deux cents chrétiens que le féroce pacha avait fait ramasser sur les côtes de Syrie. Le lendemain du non-succès de ce premier assaut, des soldats de tranchée avertirent le général Vial, qui était de service, que l'on voyait sur le bord de la mer beaucoup de cadavres auxquels on avait coupé la tête. C'était le complément des massacres exercés par les Turcs. Vial reconnut parmi eux les corps des deux de Mailly : ainsi les deux frères avaient été égorgés ensemble, au même moment, et peut-être sans avoir eu la consolation de s'embrasser avant de mourir.

Lorsque le général en chef eut connaissance de ce nouveau trait de cruauté de Djezzar (ce nom signifie *le boucher*), il serra convulsivement les poings, et articula les mots de *barbares* et de *sauvages ;* puis ordonna que les derniers devoirs fussent rendus à ces victimes d'une guerre d'extermination.

Toutes les dispositions, tous les ouvrages relatifs à un siège en règle furent faits, je dois l'avouer, avec cette légèreté et cette insouciance qu'inspirent toujours une trop grande confiance dans le succès. Les boyaux de tranchée avaient à peine trois pieds de profondeur ; de sorte que beaucoup de soldats, n'étant pas assez couverts, furent victimes de ce peu de prévoyance. Un matin que le général Kléber se promenait dans les lignes du camp avec Eugène Beauharnais, qu'en sa qualité de capitaine commandant des guides, quelques uns des nôtres devaient toujours escorter, je l'entendis témoigner tout haut sa surprise et son mécontentement de ce que les tranchées n'étaient pas plus avancées et surtout plus profondes.

144

SAINT-JEAN-D'ACRE

“ Regarde donc, blondin,” disait-il à Eugène, “ la tranchée
ne me va qu'aux genoux.”

Kléber aimait Eugène comme on aime un fils, ou plutôt
comme on aime sa mère : car il avait pour lui une foule de
petits soins et des ces attentions délicates qu'on ne réserve
guère que pour les femmes. Le fils de Joséphine était
encore très-jeune (il avait à peine 19 ans), et, en l'appelant
blondin, il faisait allusion à sa magnifique chevelure blonde et
soyeuse ; mais, à peine le général avail-il fini de parler, qu'une
balle, tirée de la Tour maudite, lui enlève l'oreille de chien
d'une de ses bottes à revers, et casse la cuisse au guide qui se
trouvait presqu'à côté de lui. Par un mouvement aussi
prompt que l'éclair, Kléber s'était jeté au-devant d'Eugène,
et avait étendu les bras comme pour lui faire un rempart de
son corps ; puis il avait tourné la tête du côté du blessé, et
avait dit froidement à notre commandant :

“ Eh bien ! blondin, n'avais-je pas raison ? ”

Cette action, ces paroles, ce geste de Kléber opposant sa
poitrine aux coups de l'ennemi pour préserver les jours de
son jeune ami, me semblèrent sublimes ; et il faut que cela
soit, car dans la suite, le prince Eugène ne pouvait rappeler ce
trait sans qu'aussitôt on ne vit des larmes dans ses yeux.

Les Turcs sont des soldats merveilleux derrière une
muraille ; ceux de Saint-Jean-d'Acre le prouvèrent pendant
tout le siège. Il était presqu'impossible de se montrer à
découvert sans être atteint, n'importe à quelle distance l'on
se trouvât. Leurs tireurs, la plupart Albanais, plaçaient des
pierres les unes sur les autres au-dessus des murs, puis, dans
ces espèces de meurtrières ils passaient leurs fusils, plus longs
que les canardières, et tiraient sur tout ce qui s'offrait à leur
vue avec une désespérante justesse. Qu'on ajoute à cela
qu'ils étaient sous le commandement de deux français émigrés,
spécialement chargés de la défense de la place : Phélippeau,
ingénieur d'un rare mérite, ancien condisciple de Napoléon
à l'école de Brienne, et Tromelin, officier d'artillerie très-
distingué. On comprendra facilement l'étonnement que dut

éprouver le général en chef à la vue de l'ellipse des premières bombes avec lesquelles ils saluèrent notre arrivée ; en outre ils nous envoyaient nos propres boulets que Sir Sydney Smith nous avait rafflés. Ce fut ainsi que le Général Caffarelli, commandant le génie de l'armée, fut atteint d'une balle au coude gauche. Il fallut lui couper le bras ; déjà il avait perdu une jambe pendant la retraite de Jourdan.

Cependant l'artillerie de campagne était trop faible pour détruire la fameuse tour. On eut recours à la mine. Tandis qu'on y travaillait avec beaucoup d'activité et de secret, des grenadiers et des sapeurs essayèrent de s'y loger ; la portion qui regardait la ville restait occupée par les assiégés, qui ne cessaient de faire pleuvoir sur nos troupes une grêle de projectiles. Mais le transfuge Phélippeau devina bientôt nos travaux de mine, et s'appliqua à éventer celle que nous conduisions sous le fossé ; pour cela il fit faire une sortie générale, et cette fois, avec une violence si brusque, qu'une partie de nos boyaux de tranchée fut enlevée. La colonne ennemie était commandée par des officiers anglais bien instruits, car l'un d'eux arriva jusqu'à l'entrée de la mine, où il fut tué. Les papiers qu'on trouva sur lui nous apprirent que c'était le capitaine Haldfield. Sa mort fit hésiter la troupe qu'il commandait : attaquée avec énergie, elle regagna la place, en laissant derrière elle beaucoup de morts.

L'affaire du 6 avril fut encore plus meurtrière que les précédentes, quoique sans succès. Au lever du soleil, l'ennemi offrit à nos regards un hideux spectacle : il avait planté sur les remparts de la Tour maudite une demi-douzaine de lances ; à la pointe de chacune d'elles était la tête fraichement coupée d'un des nôtres. Nous les reconnûmes facilement à la longueur des queues et des tresses dont elles étaient encore ornées, et que, par un raffinement de barbarie inimaginable, les maugrabins qui les avaient faits prisonniers s'étaient bien gardés d'enlever, pour que nous pussions les reconnaître plus facilement. A cette vue, l'irritation des soldats fut à son comble ; l'assaut fut bientôt ordonné, et,

La Grande Révolution.—Mort du roi Louis XVI.

pendant cinq heures consécutives, quatre cents hommes restèrent sur la brèche sans pouvoir traverser le fossé qui les séparait de la place. L'ennemi, établi sur le revers de ce fossé, ne cessait de mitrailler cette masse compacte, qui ne pouvait pas avancer, et qui cependant ne voulait pas reculer. Enfin la chute du jour vint mettre un terme à cet affreux carnage en nous faisant abandonner la position.

Dans cette journée, nous fîmes des pertes immenses, surtout parmi les officiers de génie. Le général Caffarelli, qui, d'abord, avait laissé quelque espoir de guérison, demandait à chaque instant pourquoi ses camarades ne venaient plus le voir. Quoiqu'on fît pour dissimuler la triste nouvelle de leur mort, l'inquiétude et le chagrin augmentaient sa maladie. Il me disait, chaque fois que j'allais m'informer de sa santé de la part du général en chef :

"Mon cher Lemié, si je laisse mes os ici, une seule chose me fera peine : ce sera de voir tous ces braves jeunes gens, pleins d'espérance et d'avenir, comme toi, périr sans gloire devant une misérable bicoque, et savoir que c'est moi seul qui les aurai séduits et entraînés à leur perte."

"Citoyen général," lui dis-je, "vous retournerez avec nous en France, lorsque le citoyen général en chef aura conquis l'Egypte, ce qui, j'espère, sera bientôt fait."

Je ne pensais pas un mot de ce que je disais là : car, plus que personne, j'étais persuadé que, tôt ou tard, si mon corps ne servait pas de pâture aux crocodiles du Nil, ma tête, comme celle de mes infortunés compagnons, irait figurer au bout d'une pique sur les créneaux de la Tour maudite.

Malheureusement Caffarelli ne vécut pas longtemps. La perte du jeune Say, son chef d'état-major, qu'on ne put lui cacher, le jeta dans un abattement complet, et la veille de sa mort il me dit :

"Lemié, puisque je n'ai personne que toi, lis-moi donc les premières pages de ce volume qui est là sur mon portemanteau ; cela t'amusera."

Je pris le livre, et je commençai à lire à haute voix :

c'était la préface de Voltaire à l'*Esprit des Lois* ; mais, à peine avais-je tourné le second feuillet, que le général s'était assoupi. J'allai retrouver Bonaparte, qui m'avait envoyé vers lui.

"Comment va Caffarelli ?" me demanda-t-il vivement dès qu'il m'aperçut.

"Citoyen général en chef, je crois que sa fin approche ; cependant le citoyen général m'a demandé de lui lire la préface de M. de Voltaire à l'*Esprit des Lois* du citoyen Montesquieu."

"Eh bien ?"

"Eh bien ! citoyen général en chef, il s'est endormi aussitôt."

"Et toi aussi n'est-ce-pas ?" reprit Bonaparte d'un ton goguenard. "C'est drôle ! vouloir entendre cette préface avant de mourir ! Je le reconnais bien là. Je vais aller le voir."

Il se rendit effectivement à sa tente. Mais le moribond dormait ; il ne voulut pas interrompre son repos. La même nuit, Caffarelli rendit le dernier soupir, et cette mort excita les regrets de toute l'armée.

Le même jour que Caffarelli avait eu le coude fracassé, l'aide-de-camp Duroc, chef de brigade, avait été envoyé, une heure auparavant, pour juger du progrès de la brèche. Un obus, qui éclata presque entre ses jambes, lui fit au gras de la cuisse droite une blessure si profonde qu'il en resta estropié toute sa vie. En sa qualité de premier aide-de-camp du général en chef, je lui avais arrangé, avec quelques planches, une espèce de lit de camp que j'avais couvert d'herbes sèches. J'allais le voir assez souvent, dans la crainte qu'il n'eût besoin de quelque chose. En entrant un matin dans sa tente, je le trouvai dormant d'un profond sommeil. L'excessive chaleur l'avait forcé de se débarrasser de ses vêtements ; une partie de sa plaie, qu'on lui avait prescrit de laisser sécher était à découvert. J'aperçus tout-à-coup un petit scorpion qui était grimpé par le pied du lit, et qui se dirigeait lentement sur la blessure de Duroc. J'enlevai avec vivacité l'insecte, mais pas assez adroitement pour que le malade ne s'éveillât ; aussi me dit-il avec beaucoup d'humeur :

" Pourquoi m'as-tu réveillé ? Je n'ai pas besoin de toi ; va-t-en."

"Citoyen chef de brigade," lui répondis-je, n'osant l'effrayer en lui disant la vérité, "une puce énorme était sautée sur vous ; elle allait vous mordre."

" Eh parbleu ! " reprit-il plus vivement encore, "n'avais-tu pas peur qu'elle ne m'avalât ? Allons ! va-t-en te dis-je, et qu'on me laisse en repos."

En sortant de sa tente, mes yeux rencontrèrent par hasard le maudit scorpion qui venait de m'attirer ce rudoiement pour avoir fait une action charitable : j'écrasai l'insecte du talon de ma botte, avec plus de rage et de jouissance peut-être, que je n'en eusse mis à plonger mon sabre dans la gorge d'un Mameluck.

Déjà l'armée avait donné douze assauts à la place, et avait supporté vingt-six sorties. Une nouvelle mine avait été pratiquée, on était prêt d'arriver au point où elle devait être chargée, lorsque l'ennemi l'éventa encore. Enfin nos batteries ayant détruit une grande partie de la courtine, qui présentait un large espace pour monter à l'assaut, les grenadiers de la division Kléber furent chargés de cette honorable et périlleuse mission. Ceux-ci pénétrèrent dans la ville ; mais là ils trouvèrent de nouveaux obstacles et un feu encore plus nourri que ceux qu'ils avaient eus à essuyer jusqu'alors. Les plus braves y périrent ; il fallut ramener les troupes dans les tranchées.

Le général en chef hésitait à donner le quatorzième assaut ; mais les grenadiers et la plupart des officiers le pressèrent avec tant d'instance de les laisser remonter encore une fois, que Bonaparte, après avoir fait élargir la brèche, leur permit de se lancer de nouveau.

Alors Kléber se plaça sur le revers du fossé, et là, le

sabre à la main, d'une voix de stentor, il animait les troupes au milieu des morts et des mourants.

En voyant cette grande figure qui dépassait les soldats de toute la tête, cette chevelure ruisselant sur ses larges épaules, cette taille athlétique, je ne pus m'empêcher de le comparer à un des héros d'Homère. Le bruit et la fumée du canon, les cris des soldats, les hurlements des Turcs, toutes ces troupes se précipitant sur l'ennemi, faisaient battre le cœur d'enthousiasme et de rage. Personne ne doutait que la ville ne fût à nous, lorsque tout-à-coup la colonne s'arrêta. Le général en chef s'était établi dans la batterie de brèche pour examiner le mouvement de l'armée, il avait placé sa lunette entre les fascines de la batterie, lorsqu'un boulet parti de la place vint frapper la fascine supérieure. Bonaparte tomba dans les bras de Berthier. Nous le crûmes mort ; heureusement il n'avait point été frappé : ce n'était qu'un effet de la commotion de l'air. En vain le général Berthier l'engagea-t-il à se retirer, il ne reçut qu'une de ces réponses dures et sèches qui ne permettent à personne d'insister. Tandis que j'observais cette singulière absence de tout mouvement de la part des troupes, une balle vint traverser la tête du jeune Arrighi, qui était placé entre le général en chef et moi. Deux de mes camarades furent tués presque aussitôt après, sans qu'il fût possible d'éloigner Bonaparte.

Dans l'intervalle des deux assauts, l'ennemi avait rempli le fossé de toutes sortes de matières inflammables, et des décharges furieuses et répétées tuaient tout ce qui se présentait devant lui. Ce fossé était trop large pour être traversé ; il n'y avait pas moyen de le tourner, et nos soldats, devant cet obstacle insurmontable, furieux de ne pouvoir avancer, s'obstinèrent cependant à ne pas vouloir s'éloigner. Là, furent tués plusieurs généraux, une foule d'officiers et un nombre considérable de soldats. Nous eûmes à regretter, entre autres, le général de division Bon et l'adjudant-général Fouler.

152

SAINT-JEAN-D'ACRE

Dans une situation aussi grave, les efforts de la plus téméraire valeur durent céder à l'opiniâtre résistance des assiégés. Il ne restait à Bonaparte aucune chance de mener son opération à bonne fin ; il ne pouvait, au contraire, que risquer de perdre le reste de son armée : la disette s'était déjà fait sentir parmi nous, et, pour comble de malheur, la peste se mit dans le camp. Le général en chef ne crut donc pouvoir rien faire de mieux que de lever le siège et de retourner au Caire.

"Et voilà," ajouta Lemié, en terminant son récit et en frappant de son poing fermé sur la table, "les raisons pour lesquelles nous n'avons pas pris Saint-Jean-d'Acre et j'ai deux jambes de bois."

. . . .

La fortune de Napoléon grandit au fur et à mesure de ses victoires. Il devint premier Consul, réorganisa la France, puis fut proclamé empereur héréditaire, il se fit couronner à Notre-Dame par le pape Pie VII.

Cependant l'Europe, inquiète de la grandeur de la France, qui avait repris les limites qu'elle eut du temps de Charlemagne, se coalisa contre l'empereur.

Les victoires de Napoléon furent éclatantes, mais la plus brillante de toutes fut celle qu'il remporta à Austerlitz.

LE SOLEIL D'AUSTERLITZ

(LE 2 DÉCEMBRE 1805)

L'empereur était entré à Vienne. Comme l'armée russe et autrichienne se trouvait en Moravie, il ne s'arrêta point, franchit le Danube, se dirigea sur Brünn et arriva en face de l'ennemi, non loin du village d'Austerlitz. C'est là que devait avoir lieu la bataille d'Austerlitz qui fut appelée la bataille des trois empereurs. Cent mille Autrichiens et Russes, commandés par les deux empereurs François-Joseph et Alexandre, étaient rangés sur le plateau de Pratzen ; Napoléon, qui n'avait que quatre-vingt mille hommes, feignit de les craindre et les encouragea dans la pensée de le tourner et d'essayer de lui couper la route de Vienne. Voici le récit de l'historien de Napoléon, M. de Norvins :

" Le 1er décembre, Napoléon voit avec une indicible joie les Russes, animés de la plus funeste confiance, exécuter en plein jour leur mouvement de flanc pour tourner sa droite. Il s'écrie à plusieurs reprises : ' *Avant demain au soir, cette armée est à moi*,' et dans le moment même il dicte une proclamation qui met les troupes dans la confidence des projets de l'ennemi et du succès assuré de nos efforts. Le soir, il veut visiter incognito les bivouacs de son armée ; mais, reconnu dès les premiers pas, soudain toute la ligne est éclairée par des fanaux de paille, et nos soldats transportés d'allégresse, célébrèrent déjà la victoire du lendemain.

" On rapporte que dans cette tournée qui fut longue, un vieux grenadier s'approcha de l'empereur, et avec le ton d'une familiarité encore toute républicaine : ' Sire,' lui dit-il, ' tu n'auras pas besoin de t'exposer ; je te promets, au nom

des grenadiers de l'armée, de t'amener demain les drapeaux
et l'artillerie de l'armée russe, pour célébrer l'anniversaire
de ton couronnement.' Il rentra à son bivouac à minuit, et
les airs retentirent encore longtemps après des cris de : Vive
l'Empereur !

"Dès la veille, toute l'armée française était concentrée
sur le terrain choisi à l'avance par Napoléon. Le Maréchal
Lannes, avec les divisions Suchet et Caffarelli, formait la
gauche, qui s'appuyait au Santon, position très importante
que l'empereur avait fait fortifier et armer de dix-huit pièces
de canon. Le Maréchal Bernadotte était au centre, avec les
divisions Rivaud et Drouet. La droite, sous les ordres du
Maréchal Soult, se composait des divisions Vandaumme,
Saint-Hilaire et Legrand. Toute la cavalerie, commandée
par Murat, était rangée sur deux lignes. Napoléon avait sous
la main une réserve composée de dix bataillons de sa garde,
avec quarante pièces d'artillerie, et de dix autres bataillons
de grenadiers réunis au général Oudinot. Enfin, le jour
paraît, et trouve chacun à son poste. 'Soldats,' dit Napoléon,
' en passant sur le front de bandière de l'armée, il faut finir cette
campagne par un coup de tonnerre.'

"Le soleil se leva radieux, et acheva de dissiper les brouil-
lards du matin."

Ce fut le soleil d'Austerlitz ; il éclaira la plus grande
gloire de l'empereur, et l'on se souviendra de son éclat tant
qu'il y aura une France et des Français. Mais reprenons
le récit de M. de Norvins :

"On vit alors l'armée ennemie quitter les hauteurs de
Pratzen et descendre dans la plaine à travers un terrain inégal.
Napoléon la laisse s'y engager.

" ' Combien vous faut-il de temps,' demanda-t-il au Maréchal
Soult, 'pour couronner les hauteurs que l'ennemi nous abandonne?'
' Une heure,' répondit le maréchal. ' En ce cas, attendons encore
un quart d'heure,' dit Napoléon. Peu d'instants après, une
vive canonnade, qui se fit entendre sur la droite, annonça
que le combat commençait.

" L'armée coalisée était divisée en six corps sous les

ordres de Kutusoff : sa réserve se composait de la garde russe, commandée par le grand duc Constantin.

" Dès que le Maréchal Soult eut couronné les hauteurs de Pratzen, Kutusoff sentit l'importance de la position qu'il avait imprudemment abandonnée et voulut la reprendre au prix des plus grands sacrifices : après deux heures d'une lutte acharnée, il fut forcé de nous abandonner les hauteurs avec toute l'artillerie qui les couronnait. Dès ce moment nous occupions le centre et la gauche de l'ennemi, qui se retrouvaient coupés du champ de bataille. Pendant cette terrible mêlée, le Maréchal Lannes et Murat avaient attaqué avec succès la droite de l'armée ennemie aux ordres de Bagratiou, et la cavalerie russe qui la soutenait ; nos cuirassiers avaient culbuté tout ce qui avait essayé de tenir devant eux. Certain que, de ce côté, la victoire ne pouvait nous échapper, l'empereur se dirigea sur la droite avec sa garde et la réserve aux ordres du Général Oudinot, pour aider le Maréchal Soult à détruire l'aile gauche de l'armée russe, en un clin d'œil, canons, artillerie, étendards, tout tombe en notre pouvoir ! Les deux empereurs de Russie et d'Autriche, contemplent cet effroyable désastre des hauteurs d'Austerlitz ; c'est dans la plaine de ce nom que s'achève la ruine de l'ennemi ; écrasées par l'artillerie qui plonge sur elles, acculées à un lac glacé, ses divisions périssent, déposent les armes ou se noient en voulant fuir sur la glace, qui se rompit sous leurs pas.

" La victoire d'Austerlitz eut d'immenses résultats : vingt-cinq mille Russes tués ou blessés, et vingt mille prisonniers ; quarante drapeaux parmi lesquels les étendards de la garde impériale russe ; deux cents pièces de canon et tous les équipages, tels furent les fruits de cette immortelle journée qui reçut aussi le nom de *Bataille des Trois Empereurs*. La fuite de l'armée russe fut si précipitée, qu'elle laissa derrière elle les routes couvertes de canons, de chariots, et de bagages.

" Dans les villages où nous entrâmes en les poursuivant, on trouva les granges et les églises remplies de blessés ennemis, abandonnés, sans secours. Kutusoff avait eu soin de faire

Napoléon empereur. — Le soleil d'Austerlitz.

placer seulement des écriteaux portant en langue française : *Je recommande ces malheureux à la générosité de l'empereur Napoléon et à l'humanité de ses braves soldats.*"

La proclamation que Napoléon fit à son armée victorieuse, se terminait par ces mots :

" Soldats ! lorsque tout ce qui est nécessaire pour assurer le bonheur et la prospérité de notre patrie sera accompli, je vous ramènerai en France. Là vous serez l'objet de mes tendres sollicitudes. Mon peuple vous reverra avec joie, et il vous suffira de dire : J'étais à la bataille d'Austerlitz, pour qu'on vous réponde : *Voilà un brave.*"

.   .   .   .   .   .

Cependant des fautes perdirent l'empereur. Ce fut la désastreuse campagne de Russie où *l'on était vaincu par la tempête* selon l'expression de Victor Hugo.

En 1814, l'empereur dut abdiquer et s'en alla à l'île d'Elbe, d'où il revint bientôt.

Finalement vaincu à Waterloo, il alla demander l'hospitalité à l'Angleterre, qui lui donna une prison sous les tropiques, dans la petite île de Sainte-Hélène.

Il y mourut après six ans de captivité et pendant longtemps on ne put croire en France à la mort de cet aigle sublime.

FIN

TABLE DES MATIÈRES

TABLE DES ILLUSTRATIONS

163

Les Arts Graphiques
Imprimeurs-Editeurs
Vincennes